AF881788

Entscheidungen
des Reichsgerichts
in Zivilsachen

Sammlung der noch wichtigen Entscheidungen nach Fachgebieten geordnet

Herausgegeben

von

Professor Dr. **Leonhard Auerbach**, Berlin; Präsident des Reichspatentamtes a. D. Dr. **Johannes Eylau**, München; Rechtsanwältin **Charlotte Graf**, Berlin; Ministerialdirektor z. Wv. Senatspräsident Dr. **Ernst Knoll**, Berlin; Rechtsanwalt **Erich Kummerow**, Berlin; Rechtsanwalt **Hermann Reuß**, Berlin; Rechtsanwalt Dr. **Walter Schmidt**, Düsseldorf; Landgerichtsdirektor **Alexander Swarzenski**, Berlin; Rechtsanwalt Dr. **Werner Vahldiek**, Berlin.

Gesamtverzeichnis
der aufgenommenen Entscheidungen

nach alter und neuer Fundstelle

Berlin 1957

Walter de Gruyter & Co.

vormals G. J. Göschen'sche Verlagshandlung / J. Guttentag, Verlagsbuchhandlung / Georg Reimer / Karl J. Trübner / Veit & Comp.

Gesamtverzeichnis

der aufgenommenen Entscheidungen nach alter und neuer Fundstelle

Berlin 1957

Walter de Gruyter & Co.

vormals G. J. Göschen'sche Verlagshandlung / J. Guttentag, Verlagsbuchhandlung / Georg Reimer / Karl J. Trübner / Veit & Comp.

Archiv Nr. 28 17 57

Satz und Druck: Deutsche Zentraldruckerei AG Berlin
Alle Rechte, einschließlich des Rechts der Herstellung von Photokopien und Mikrofilmen, vorbehalten.

Hinweise für den Benutzer

Die Sammlung umfaßt 54 Entscheidungsbände. Sie ist wie folgt aufgegliedert:

Gruppe I: **Bürgerliches Recht.** 24 Bände.

Allgemeiner Teil mit Einführungsgesetz, 4 Bände
Recht der Schuldverhältnisse, 11 Bände
Sachenrecht, 3 Bände
Familienrecht und Erbrecht, 3 Bände
Nebengesetze, 3 Bände: Kraftfahrzeuggesetz — Reichshaftpflichtgesetz, Reichsversicherungsordnung — Arbeitsrecht u. a., Grundbuchordnung — Freiwillige Gerichtsbarkeit

Gruppe II: **Verfahrensrecht.** 9 Bände.

Zivilprozeßordnung, 6 Bände
Konkursordnung, 1 Band
Zwangsversteigerungsgesetz, 1 Band
Nebengesetze, 1 Band: AnfechtungsG, VergleichsO, GVG, RAO, RAGebO, GKG

Gruppe III: **Handelsrecht.** 14 Bände.

Handelsgesetzbuch, 3 Bände
Handelsgesellschaften 4 Bände: Aktiengesellschaft / GmbH-Gesetz und Kartellrecht / OHG und KG / Genossenschaften und Bergrecht
Eisenbahnrecht, 1 Band
Schiffahrtsrecht, 2 Bände
Bank- und Börsenrecht Wechsel- und Scheckrecht, 1 Band
Privatversicherungsrecht, 3 Bände

Gruppe IV: **Gewerblicher Rechtsschutz.** 3 Bände.

Patent- und Gebrauchsmusterrecht, 1 Band
Warenzeichen- und Wettbewerbsrecht, 1 Band
Urheber- und Verlagsrecht, Geschmacksmusterrecht, 1 Band

Gruppe V: **Öffentliches Recht.** 4 Bände.

Staatsrecht — Öffentliches Recht. Allgemeines, 1 Band
Beamtenrecht, 1 Band
Verwaltungsrecht, Besonderer Teil, 1 Band
Kirchenrecht — Völkerrecht, 1 Band

Zu den Gruppen I, II und III existiert je ein selbständiger Registerband. In den Gruppen IV und V befinden sich die Sachregister jeweils am Schluß der Bände.

Die Abkürzungen bezeichnen folgende Bände der Sammlung:

Gruppe I: Bürgerliches Recht

AllgT	= Allgemeiner Teil	FamR	= Familienrecht
SchR	= Schuldrecht	ErbR	= Erbrecht
SaR	= Sachenrecht	BGBNebG	= Nebengesetze

Die Entscheidungen betr. EG.BGB, Preuß.AG.BGB und Landesrecht sind unter AllgT 1 zitiert.

Gruppe II: Verfahrensrecht

ZPO	= Zivilprozeßordnung
KO	= Konkursordnung
ZVG	= Zwangsversteigerungsgesetz
ZPONebG	= Nebengesetze

Gruppe III: Handelsrecht

HGB	= Handelsgesetzbuch
HGes.	= Handelsgesellschaften
Bk-WR	= Bank- und Börsenrecht / Wechsel- und Scheckrecht
EBR	= Eisenbahnrecht
SchiffR	= Schiffahrtsrecht
PrVersR	= Privatversicherungsrecht

Gruppe IV: Gewerblicher Rechtsschutz

Pat-GebrmR	= Patent- und Gebrauchsmusterrecht
Wz-WettbR	= Warenzeichen- und Wettbewerbsrecht
Urh-VerlR	= Urheber- und Verlagsrecht

Gruppe V: Öffentliches Recht

StaatsR	= Staatsrecht. Öffentliches Recht
BeamtR	= Beamtenrecht
VerwR	= Verwaltungsrecht Besonderer Teil
KirchRVölkR	= Kirchenrecht. Völkerrecht

Fette Ziffern bedeuten alte Entscheidungssammlung.
Magere Ziffern bedeuten Auswahlsammlung.

† Entscheidung ist gekürzt wiedergegeben.
Die Entscheidungen der 4 Bände Handelsgesellschaften sind sämtlich gekürzt und deshalb nicht besonders gekennzeichnet.

* Entscheidung enthält nur Leitsatz.

Gesamtverzeichnis
der aufgenommenen Entscheidungen

nach alter und neuer Fundstelle

RGZ	Band	Seite
1, 1—3	SchiffR 1	1
1, 36—40	SchiffR 1	3
1, 42—44	Pat-GebrmR	1
1, 49—52	BGBNebG 1	201
1. 155—158	VerwR	1
1, 171—174	VerwR	121
1, 241	HGB 2	215
1, 247—252	BGBNebG 1	204
1, 286—293	HGB 3	131
1, 366—368	VerwR	4
1, 420—422	VerwR	6
1, 431—435	ZPO 4	165
2, 59—63	Bk-WR	193
2, 63—66	StaatsR	199
2, 75—85	Bk-WR	197
2, 137—140	Pat-GebrmR	2
2, 182—186	StaatsR	297
2, 196—201	AllgT 1	222
2, 234—244	VerwR	307
2, 279—286	VerwR	125
3, 17	SchiffR 1	7
3, 60—64	Bk-WR	206
3, 87—90	HGB 2	216
3, 123—138	HGes 1	1
3, 164—168	HGB 1	38
3, 171—174	VerwR	8
4, 46—50	PrVersR 3	17
4, 92—98	HGB 3	137
4, 289—290	KirchRVölkR	1
4, 296—305	HGes 4	213
4, 431—432	ZPO 3	1
5, 58—67	HGB 2	218
5, 67—69	HGB 1	1
5, 73—76	BGBNebG 1	209
5, 79—82	SchiffR 1	8
5, 84—89	HGB 3	142
5, 89—94	SchiffR 1	11
5, 94—98	HGB 2	226
5, 103—105	HGB 2	230
5, 110—114	HGB 1	42
5, 214—217	VerwR	131
5, 239—243	KirchRVölkR	2
5, 248—254	VerwR	316
5, 266—273	HGes 4	215
6, 4—11	HGB 2	92
6, 26—28	HGB 2	232
6, 46—49	HGB 3	146
6, 49—58	HGB 3	148
6, 58—60	HGB 2	234
6, 60—61	HGB 2	236
6, 85—86	ZPONebG	1
6, 159—163	VerwR	10
6, 295—301	VerwR	134
6, 351—353	ZPO 3	194
6, 354—356	ZPO 3	197
7, 27—32	PrVersR 3	21
7, 44—45	HGB 2	237
7, 50—52†	BGBNebG 1	212
7, 88—93	HGes 3	1
7, 93—96	HGes 3	4
7, 105—110	HGes 1	9
7, 136—138	KirchRVölkR	5
7, 213—217	VerwR	13
7, 258—265	VerwR	321
7, 273—277	VerwR	139
7, 279—284	HGB 1	45
7, 341—343†	ZPONebG	370
7, 358—360†	ZPO 6	1
7, 371—374	ZPO 2	1
7, 383—389	ZPO 4	48
7, 404—405	ZPO 2	3
8, 22—24	HGB 2	238
8, 30—35	BGBNebG 1	213
8, 42—46†	Bk-WR	209
8, 51—56†	BGBNebG 1	218
8, 56—61	Bk-WR	212

RGZ	Band	Seite
8, 66—71	Bk-WR	216
8, 152—159	VerwR	17
8, 214—220	VerwR	327
8, 237—242	VerwR	142
8, 298—300	VerwR	147
9, 21—30	Bk-WR	221
9, 36—44	HGes 1	11
9, 44—50	HGB 2	98
9, 56—61†	Bk-WR	229
9, 128—131	Pat-GebrmR	4
9, 143—146	HGes 3	6
9, 148—149	HGes 3	8
9, 203—206	VerwR	22
9, 253—256	KirchRVölkR	7
9, 337—343	ZPO 2	150
9, 375—380†	ZPO 3	261
10, 18—22	SchiffR 1	15
10, 94—95	PatGebrmR	6
10, 105—110	EBR	1
10, 309—314	ZPO 1	228
10, 325—333	ZPO 1	31
10, 334—338	ZPO 1	32f
10, 342—344	ZPO 4	53
10, 345—347	ZPO 2	4
10, 397—400	ZPO 1	166
10, 410—411	ZPO 1	233
11, 10—18	PrVersR 3	26
11, 36—40	HGB 2	240
11, 61—63	BGBNebG 1	222
11, 146—148	BGBNebG 1	223
11, 148—160	Bk-WR	232
11, 160—165	HGes 1	14
11, 197—200	HGB 2	243
11, 212—215	StaatsR	299
11, 364—365	ZPONebG	304
11, 384—387	ZPO 3	2
11, 435—437	ZPONebG	371
12, 15—23	HGB 2	27
12, 28—32	PrVersR 3	33
12, 42—45	KO	1
12, 70—74	BeamtR	1
12, 74—78	HGes 4	1
12, 78	HGB 2	103
12, 85—92	Bk-WR	1
12, 92—101	HGB 2	108
12, 131—134	Bk-WR	243
12, 280—288	KirchRVölkR	10
12, 292—294	StaatsR	302
12, 299—301	VerwR	332
13, 68—79	SchiffR 1	18
13, 79—86	SchiffR 1	28
13, 151—153	KO	3
13, 153—155	HGB 3	273
13, 244—246	VerwR	335
13, 315—319†	KO	491
13, 319—326†	ZPONebG	305
14, 5—14	SchiffR 1	35
14, 21—22	KO	278
14, 25—26	BGBNebG 1	225
14, 34—46	SchiffR 1	44
14, 145—150	Bk-WR	246
14, 172—179	KO	494
14, 231—235	HGB 1	3
14, 305	KirchRVölkR	17
14, 387—390	ZPO 4	168
15, 1—4	HGB 2	246
15, 25—27	SchiffR 1	55
15, 33—37	HGB 1	50
15, 62—65	ZPONebG	2
15, 65—74	HGB 2	249
15, 83—94	SchiffR 1	57
15, 133—134	SchiffR 1	68
15, 168—174	KirchRVölkR	18
15, 393—396	ZPO 1	233
15, 402—404	ZPONebG	310
15, 412—413	ZPO 1	169
16, 1—3	HGes 3	9
16, 3—6	SchiffR 1	69
16, 19—23	BGBNebG 1	226
16, 159—163	KirchRVölkR	23
16, 366—367	ZPO 6	48
16, 413—417	ZPONebG	220
17, 31—33	HGB 3	156
17 153—158	KirchRVölkR	27
17, 171—175	HGes 4	216
17, 199—202	VerwR	149
17, 245—246	VerwR	152
17, 328—332	KO	115
17, 391—392	ZPO 2	6
17, 392—403	ZPO 2	7
17, 425—427	ZPO 3	199
18, 20—25	HGB 3	158
18, 55—56	HGB 2	256
18, 418—423	ZPO 1	236
18, 435—436	ZPO 6	2
19, 1—7	PrVersR 3	37

RGZ	Band	Seite
19, 7—14	SchiffR 1	72
19, 21—25	HGB 1	53
19, 97—101	HGB 3	162
19, 136—140	Bk-WR	251
19, 189—193†	BGBNebG 1	229
19, 207—216	PrVersR 3	43
19, 416—423†	ZPO 1	1
20, 52—71	SchiffR 1	78
20, 94—96	Pat-GebrmR	7
20, 118—122	EBR	5
20, 128—131	Pat-GebrmR	8
20, 133—137	KO	300
20, 157—162†	ZPONebG	4
20, 175—180	SchiffR 1	96
20, 180—182	ZPONebG	7
20, 184—190	SchiffR 1	100
20, 365—375	ZPO 5	155
20, 375—378	ZPO 5	1
20, 396—398	ZPO 6	49
20, 403—407	ZPO 1	34
20, 408—409	ZPO 1	240
20, 423—425	ZPO 5	3
21, 83—89	PrVersR 3	51
21, 93—95	HGes 3	10
21, 136—148	SchiffR 1	105
21, 377—380	ZPO 5	5
21, 382—388	ZPO 2	155
21, 404—405	ZPO 5	8
21, 420—437	ZPO 1	38
22, 153—155	KO	589
22, 169—171	ZPO 6	51
22, 389—391	KO	118
22, 421—424	ZPO 3	5
22, 425—428	ZPO 1	7
23, 9—19	ZPONebG	9
23, 43—48	KO	303
23, 70—80	SchiffR 1	117
23, 109—112	Bk-WR	255
23, 296—304†	Bk-WR	257
23, 396—399	ZPO 1	52
23, 399—412	ZPO 3	8
23, 432—436	ZPO 6	188
24, 27—28	HGes 3	13
24, 54—60	HGes 1	17
24, 70—74	HGes 1	20
24, 174—176	KirchRVölkR	31
24, 273—277†	ZVG	270
24, 373—378	ZPO 1	10
24, 394—395	Pat-GebrmR	10
25, 7—11	KO	562
25, 78—85	PrVersR 3	57
25, 86—87	KO	120
25, 88—89	HGes 3	14
25, 104—107	SchiffR 1	127
25, 368—373	ZPO 5	9
25, 384—387	ZPO 1	54
25, 394—396	ZPO 1	57
25, 398—401	ZPO 2	161
25, 426—428	ZPO 5	13
26, 5—6	KO	121
26, 66—68†	KO	331
26, 74—80	KO	122
26, 81—85	KO	332
26, 110—117	KO	308
26, 380—383†	ZPO 1	59
26, 383—385	ZPO 1	128
26, 425—428	KO	5
26, 428—431	ZPONebG	312
27, 84—88	KO	279
27, 91—94	KO	501
27, 378—381	ZPO 6	192
27, 385—392	ZPO 1	60
28, 96—100	KO	591
28, 159—162	SchiffR 1	130
28, 283—288	KO	7
28, 414—420	ZPO 3	285
28, 422—424	KO	11
28, 442—424*	ZPO 1	170
29, 29—38†	KO	13
29, 38—41	KO	594
29, 42—44	BGBNebG 1	231
29, 44—47	Wz-WettbR	1
29, 61—66	HGB 2	257
29, 66—72	HGB 1	56
29, 158—163	VerwR	153
29, 188—189	KirchRVölkR	33
29, 222—230	ZPONebG	223
29, 281—283	HGes 4	218
29, 337—340	ZPO 5	14
29, 343—344	ZPO 3	200
29, 408—413	ZPO 1	135
29, 414—416	ZPO 1	65
30, 50—52	HGes 1	22
30, 52—56	Pat-GebrmR	11
30, 63—67	Pat-GebrmR	12
30, 67—71	ZPONebG	17

RGZ		Band	Seite
30,	71—77	KO	128
30,	90—94	KO	132
30,	194—196	HGes 4	219
30,	234—238	VerwR	158
30,	241—245	HGes 4	220
30,	245—250	VerwR	24
30,	296—298	HGes 4	222
30,	319—323	ZPO 6	53
30,	368—372	ZPO 6	195
30,	398—402	ZPO 1	202
31,	40—44	KO	597
31,	45—48	HGes 3	16
31,	59—62	HGB 2	34
31,	62—72	SchiffR 1	133
31,	81—90	HGes 3	17
31,	100—109	HGB 2	261
31,	119—122	KO	421
31,	123—124	KO	136
31,	131—134	PrVersR 3	63
31,	134—138	KO	283
31,	139—145	HGes 3	20
31,	204—211	KirchRVölkR	34
31,	243—246	KirchRVölkR	36
31,	273—280	VerwR	162
31,	327—331	VerwR	28
31,	393—397	ZPONebG	314
31,	406—410	ZPO 1	241
31,	412—416	ZPO 6	4
31,	425—428	ZPONebG	317
32,	4—17	SchiffR 1	142
32,	22—26	KO	138
32,	26—31	SchiffR 1	154
32,	36—39	Bk-WR	258
32,	39—44	HGB 3	165
32,	44—46	HGes 3	24
32,	52—56	Pat-GebrmR	15
32,	61—65	HGB 2	269
32,	75—80	ZPO 4	55
32,	75—80*	Bk-WR	260
32,	81—84	HGB 2	117
32,	84—91	KO	566
32,	101—104	ZPONebG	21
32,	202—212	VerwR	169
32,	298—305	VerwR	337
32,	345—350	VerwR	177
32,	375—377	ZPO 3	201
32,	407—410	ZPO 2	163
32,	410—413	ZPONebG	320
32,	421—425	ZPO 6	56
33,	67—79	SchiffR 1	159
33,	95—99	HGB 2	272
33,	103—105	Pat-GebrmR	18
33,	120—125	KO	141
33,	143—149	Bk-WR	261
33,	149—162	Pat-GebrmR	19
33,	233—238	VerwR	181
33,	244—247†	ZPONebG	229
33,	359—361	ZPO 2	165
33,	375—376	ZPONebG	372
34,	1—3	SchR 7	18
34,	35—37	Bk-WR	8
34,	57—58	HGes 1	24
34,	72—82	SchiffR 1	170
34,	82—93	HGB 3	169
34,	98—100	HGB 2	275
34,	117—123	HGB 3	178
34,	217—222	HGes 4	222
34,	242—245	VerwR	186
34,	250—254	VerwR	189
34,	294—299	StaatsR	189
34,	356—358	ZPO 1	67
34,	409—412	KO	503
34,	426—427	ZPONebG	323
35,	1—4	HGB 2	277
35,	4—10	BGBNebG 2	1
35,	38—43	Bk-WR	266
35,	113—118	PrVersR 3	67
35,	270—273	ZPO 5	287
35,	341—342	ZPO 4	171
35,	349—351	ZPO 6	60
35,	361—362	ZPONebG	323
35,	379—381†	ZPO 6	7
35,	384—386	ZPO 4	172
35,	386—388	ZPO 5	17
35,	388—392	ZPO 3	203
35,	400—404	ZPO 3	207
35,	412—416†	ZPO 4	185
35,	418—419	ZPO 1	69
36,	4—13	KO	145
36,	16—20	Pat-GebrmR	25
36,	20—24	KO	572
36,	24—27	HGes 1	25
36,	30—35	ZPONebG	23
36,	50—53	HGB 2	1
36,	57—60	Pat-GebrmR	27
36,	64—71	Bk-WR	10

RGZ	Band	Seite
36, 83—89	HGB 2	280
36, 89—91	HGB 2	285
36, 93—96	KO	462
36, 113—116	ZPONebG	27
36, 116—120	SchiffR 1	179
36, 130—134	PrVersR 3	72
36, 139—141	HGes 3	25
36, 161—167	KO	153
36, 272—276	VerwR	32
36, 347—349	ZPO 1	70
36, 362—364	ZPO 4	174
36, 367—369	KO	424
36, 378—381	ZPO 1	130
36, 390—392	ZPO 6	62
36, 409—415	ZPONebG	373
37, 49—57	Pat-GebrmR	29
37, 58—62	HGB 1	62
37, 62—65	HGes 1	26
37, 112—113	HGes 1	27
37, 252—257	VerwR	35
37, 331—336	VerwR	422
37, 386—389	KO	507
37, 398—400	KO	20
38, 1—6	SchiffR 1	182
38, 6—10†	KO	158
38, 18—22	HGB 1	6
38, 85—87	SchiffR 1	188
38, 95—101	HGes 1	28
38, 102—104	KO	161
38, 119—123	HGes 3	27
38, 128—135	Wz-WettbR	2
38, 135—138	Wz-WettbR	4
38, 162—165	BGBNebG 1	232
38, 220—221	VerwR	39
38, 329—335	HGes 4	225
38, 389—392	ZPO 3	19
38, 392—396	ZPO 6	198
38, 397—399	ZVG	274
38, 406—410	ZPO 4	188
38, 426—428	ZPO 1	152
38, 428—430	ZPO 5	18
39, 6—8	Pat-GebrmR	34
39, 9—11	SchiffR 1	189
39, 12—17	ZPO 2	167
39, 17—25	KO	601
39, 32—35	Pat-GebrmR	36
39, 89—94	KO	163
39, 122—125	KO	166
39, 131—134	Pat-GebrmR	38
39, 142—147	ZPO 3	22
39, 273—281	VerwR	343
39, 292—296	ZVG	91
39, 302—304	VerwR	442
39, 318—322	ZVG	194
39, 399—403	ZPO 6	64
39, 416—418	ZPO 2	16
39, 418—420	ZPO 6	8
39, 425—427	ZPO 1	72
40, 5—7	KO	287
40, 7—12	Pat-GebrmR	39
40, 29—33	HGes 3	29
40, 33—37	HGes 1	30
40, 40—43	KO	169
40, 46—49	HGes 4	4
40, 53—56	HGB 2	286
40, 78—80	Pat-GebrmR	41
40, 80—85	HGes 1	31
40, 89—91	KO	172
40, 91—96	Wz-WettbR	5
40, 97—100	HGB 1	66
40, 120—126†	KO	336
40, 143—146	Pat-GebrmR	42
40, 187—191	HGB 3	182
40, 202—204	ZPONebG	231
40, 331—332	ZPO 2	171
40, 380—382	ZPONebG	378
40, 395—398	ZVG	145
40, 401—406	ZPO 6	201
40, 408—410	ZPO 1	73
40, 421—422	ZPO 1	305
41, 37—41	Pat-GebrmR	44
41, 41—43	KO	607
41, 65—66	Pat-GebrmR	46
41, 69—72	Wz-WettbR	6
41, 87—93	ZPONebG	29
41, 102—110†	BGBNebG 2	297
41, 114—116	Bk-WR	271
41, 126—127	Bk-WR	273
41, 133—135	KO	60
41, 317—321	ZVG	198
41, 321—325	ZVG	15
41, 355—358	ZPO 3	26
41, 377—378	ZPO 1	326
41, 396—399	ZPO 6	206
41, 399—400	ZPO 1	245
41, 400—402	ZPO 1	306

RGZ	Band	Seite
41, 412—414	ZPO 4	255
42, 35—39	KO	509
42, 92—97	Pat-GebrmR	47
42, 276—280	ZVG	95
42, 301—305	KirchRVölkR	282
42, 352—355	ZPO 4	176
42, 361	ZPO 6	68
42, 362—365	ZPO 3	28
42, 365—367	ZPO 5	219
42, 382—384	ZPO 5	163
42, 406—408	ZPO 3	31
43, 27—39	HGB 2	290
43, 39—44	Bk-WR	274
43, 44—47	HGB 2	300
43, 64—70	HGB 2	302
43, 81—83	HGes 3	31
43, 101—104	HGB 2	307
43, 133—136	HGes 3	32
43, 136—140	HGes 2	1
43, 172—174	KirchRVölkR	38
43, 244—248	ZVG	98
43, 283—289	HGes 1	32
43, 332—335	KirchRVölkR	40
43, 399—402	ZPO 3	265
43, 405—407	ZPO 6	9
43, 407—409	ZPO 6	208
43, 418—422	ZPO 2	172
44, 19—27	PrVersR 3	76
44, 27—31	BGBNebG 1	235
44, 49—52	Wz-WettbR	8
44, 71—74	Wz-WettbR	10
44, 74—77	Pat-GebrmR	48
44, 78—80	Bk-WR	278
44, 92—95†	ZPONebG	34
44, 99—103	Wz-WettbR	12
44, 103—116	Bk-WR	15
44, 136—145†	SchiffR 1	191
44, 173—177	VerwR	40
44, 282—288	VerwR	44
44, 303—309	VerwR	368
44, 374—377†	ZPO 1	246
44, 377—386	VerwR	443
44, 386—389	ZPO 1	75
44, 397—400	ZPONebG	324
44, 400—401	ZPONebG	327
44, 403—409	ZPONebG	380
44, 416—418	ZPO 1	308
44, 419—422	ZPO 1	327
45, 34—41	HGes 3	33
45, 45—47	ZPONebG	36
45, 72—80	Pat-GebrmR	50
45, 106—110	HGes 4	6
45, 110—115	Ko	174
45, 116—120	Pat-GebrmR	52
45, 120—123	Bk-WR	280
45, 147—150	Pat-GebrmR	54
45, 150—153	HGes 4	9
45, 153—155	HGes 1	36
45, 156—157	KO	372
45, 208—215	KirchRVölkR	43
45, 261—265	Bk-WR	283
45, 346—350	ZPO 6	68
45, 359—364	ZPO 2	112
45, 374—377	KO	22
45, 374—377	Wz-WettbR	13
45, 379—382	ZPO 2	176
46, 1—2	Pat-GebrmR	56
46, 3—8	SchiffR 1	196
46, 8—12	ZPO 3	32
46, 39—42	ZPO 2	179
46, 60—65	HGes 4	12
46, 98—101	KO	339
46, 112—121*	HGes 3	37
46, 112—121	AllgT 2	70
46, 121—124	HGB 2	37
46, 132—142	Bk-WR	287
46, 150—152	HGB 1	69
46, 282—287	VerwR	192
46, 296—298	VerwR	50
46, 318—320†	ZPO 3	210
46, 323—327	ZPO 2	18
46, 334—339	ZPO 5	20
46, 347—351	ZPO 1	247
46, 354—356	ZPO 6	72
46, 368—372	ZPO 3	268
46, 385—387	ZPO 4	293
46, 391—393	ZPO 2	21
46, 397—399	ZPO 4	59
46, 410—415†	ZPO 3	211
46, 419—422	ZPO 6	210
47, 1—3	HGes 1	38
47, 72—75	ZPO 4	295
47, 72—75*	FamR 1	375
47, 104—114	Bk-WR	27
47, 118—126	HGB 3	186
47, 129—136	HGB 2	310

RGZ	Band		Seite
47, 168—173	PrVersR	3	83
47, 216—223	ZPONebG		38
47, 314—319	VerwR		51
47, 363	ZVG		337
47, 375—377	ZPO	1	14
47, 397—401	ZPO	2	23
47, 401—402	ZPO	6	212
47, 419—420	ZPO	5	24
47, 420—424	ZPO	4	61
48, 21—27	Pat-GebrmR		57
48, 27—32	BGBNebG	3	218
48, 64—70	SchiffR	2	179
48, 73—77	Pat-GebrmR		59
48, 89—96	SchiffR	1	201
48, 136—139	HGB	2	316
48, 139—144	Bk-WR		295
48, 152—157	Bk-WR		300
48, 223—233	Bk-WR		305
48, 242—250†	ZPO	5	290
48, 297—300	VerwR		56
48, 336—340	VerwR		197
48, 398—401†	ZPO	6	11
48, 417—423	ZPO	1	154
49, 20—22	Wz-WettbR		15
49, 29—33	HGes	4	14
49, 33—37	Pat-GebrmR		60
49, 38—44†	SchR	3	21
49, 72—77	SchR	1	1
49, 77—81	HGes	1	40
49, 127—132†	BGBNebG	3	145
49, 132—141	Bk-WR		314
49, 141—149	HGes	2	5
49, 157—162	HGB	2	318
49, 214—218	HGes	4	226
49, 236—241†	ZVG		339
49, 253—257	ZVG		148
49, 261—269	HGes	4	229
49, 292—299	HGes	4	232
49, 338—340	ZPO	3	35
49, 340—345	ZPO	2	183
49, 347—348†	ZPO	5	26
49, 357—363	ZPO	5	165
49, 363—368	ZPO	2	187
49, 368—370	ZPO	6	74
49, 374—376	ZPO	4	257
49, 376—381	ZPO	2	191
49, 409—411	ZPO	6	213
49, 415—418	ZPO	6	12
49, 419—420	ZPO	2	181
49, 421—425	ZPO	1	78
49, 425—427	ZPO	3	215
50, 16—23	ErbR	2	304
50, 39—42	KO		465
50, 51—60	ZPO	4	259
50, 60—67	SchR	9	1
50, 92—96	BGBNebG	1	239
50, 96—97	FamR	2	116
50, 111—116	Pat-GebrmR		61
50, 116—120	HGB	1	71
50, 124—127	Pat-GebrmR		63
50, 127—133	HGes	4	14
50, 138—145	SchR	4	316
50, 188—190	SchR	4	322
50, 191—196	AllgT	2	77
50, 203—207	AllgT	1	253
50, 208—211	SchR	2	242
50, 219—224†	SchR	9	7
50, 238—241†	ErbR	2	72
50, 255—269	SchR	3	24
50, 342—347	ZPO	6	76
50, 353—356	ZPO	3	217
50, 365—368	ZPO	5	27
50, 372—376	ZPO	5	30
50, 384—389	ZPO	3	290
50, 391—393	ZPO	3	271
50, 396—399	ZPONebG		233
50, 399—404	ZPO	3	37
50, 416—420	ZPO	3	41
50, 420—423	ZPO	3	279
51, 1—5	ZPO	1	291
51, 5—11	ZPO	1	250
51, 11—16	ZPO	1	255
51, 33—41	HGes	3	37
51, 66—68	AllgT	1	297
51, 83—88	SaR	1	333
51, 94—98	ZPO	2	116
51, 98—101†	ZPO	1	205
51, 115—120	SaR	2	265
51, 135—139	ZPO	3	44
51, 139—142	Pat-GebrmR		64
51, 142—144	Pat-GebrmR		66
51, 147—153	HGB	2	39
51, 175—177	ZPO	4	266
51, 179—182	SchR	2	253

RGZ	Band	Seite
51, 186—191†	ZPO 5	170
51, 210—213	SchR 5	357
51, 218—219	AllgT 1	1
51, 235—243	SchiffR 1	207
51, 281—284	AllgT 2	82
51, 318—322	ZPO 5	307
51, 330—336	SchiffR 2	184
51, 347—351	HGB 3	1
51, 392—394	ZPO 6	215
51, 394—398	KO	342
51, 403—406*	KO	178
51, 403—406†	SchR 3	236
51, 406—408	ZPO 6	216
51, 422—427	AllgT 3	388
52, 1—5	SchR 2	255
52, 27—28	ZPO 3	48
52, 35—38	SchR 6	249
52, 49—54	KO	25
52, 90—92	Pat-GebrmR	67
52, 133—136	SchR 1	5
52, 136—138	ZPO 2	195
52, 138—141	ZPO 6	80
52, 155—157	KO	609
52, 172—174	SchR 5	359
52, 193—196	FamR 2	117
52, 202—206	SaR 3	215
52, 220—223	Bk-WR	322
52, 223—224	ZPO 1	140
52, 227—234	Pat-GebrmR	68
52, 236—240	SchR 9	12
52, 240—245	FamR 2	246
52, 254—257	SchR 7	321
52, 283—286	ZPO 6	217
52, 312—314	ZPO 5	310
52, 334—344	ZPONebG	44
52, 360—362	SaR 2	270
52, 367—368	ZPO 2	26
52, 395—405	SchiffR 2	190
52, 405—409	PrVersR 3	88
52, 417—423	HGes 1	42
52, 423—427	VerwR	58
52, 427—429	ZPO 1	16
53, 15—19	ZPO 3	220
53, 40—43	ZPO 3	222
53, 50—52	HGes 4	235
53, 53—58	SchR 9	15
53, 59—62	AllgT 3	291
53, 62—65	SchR 3	35
53, 70—75	SchR 4	324
53, 75—80	SchR 1	8
53, 92—98	Wz-WettbR	16
53, 101—107	HGes 4	236
53, 150—154	BGBNebG 3	149
53, 154—157	HGB 1	74
53, 161—168	SchR 4	328
53, 181—183	ZPO 6	15
53, 204—212	Bk-WR	325
53, 212—214	ZPO 1	207
53, 218—221	SaR 3	218
53, 224—226	SchiffR 1	214
53, 227—232	Bk-WR	332
53, 234—236	KO	179
53, 261—263	Bk-WR	337
53, 263—265	ZVG	276
53, 274—276	AllgT 4	91
53, 276—282	AllgT 1	299
53, 291—293	HGes 4	15
53, 294—298	SchR 4	37
53, 298—307	BGBNebG 3	1
53, 312—315	SchR 9	20
53, 315—319	ZPO 3	225
53, 330—334	HGes 4	237
53, 359—363	ZPO 2	197
53, 384—387	VerwR	61
53, 403—406	SchR 7	338
53, 423—430	BeamtR	3
54, 1—3	ZPO 3	228
54, 37—41	ZPO 1	259
54, 42—44*	AllgT 1	257
54, 42—44	Wz-WettbR	19
54, 44—48	FamR 1	375
54, 48—49	ZPO 6	219
54, 49—52	ZPO 2	200
54, 73—75	SchR 9	23
54, 80—82*	HGB 3	4
54, 80—82	SchR 4	334
54, 85—87	SaR 1	39
54, 94—98	ZPO 2	119
54, 103—107	SchR 6	251
54, 137—143†	SchR 8	186
54, 162—165	ZPO 6	82
54, 165—168	SchR 8	83
54, 176—183	HGB 2	119
54, 183—187	HGB 1	77

RGZ	Band	Seite
54, 207—208	ZPO 1	81
54, 219—225†	SchR 4	337
54, 233—237	SaR 2	159
54, 237—240	SchR 1	12
54, 255—260	BGBNebG 2	176
54, 272—275	Pat-GebrmR	71
54, 282—285	FamR 2	1
54, 289—297	ErbR 1	341
54, 289—297*	ZPONebG	51
54, 308—311	ZVG	151
54, 323—329	ZPO 3	231
54, 329—335	Bk-WR	36
54, 343—344	ErbR 2	443
54, 345—348	ZPO 6	84
54, 348—349	ZPO 6	87
54, 360—362	ZPO 3	236
54, 369—376	SaR 2	272
54, 378—386†	SaR 1	303
54, 396—399	SaR 1	338
54, 404—407	BGBNebG 1	243
54, 418—422	HGes 2	12
55, 24—33†	SchR 9	25
55, 34—36	Wz-WettbR	21
55, 41—42	HGes 1	43
55, 47—52	Bk-WR	338
55, 57—61	ZPO 6	17
55, 65—69	HGes 1	44
55, 80—83	ZPO 1	18
55, 83—86	HGB 1	80
55, 121—126	HGB 1	83
55, 132—137	VerwR	201
55, 140—144	ZPO 6	88
55, 154—156	HGes 3	43
55, 157—163	KO	513
55, 179—183	SchiffR 1	217
55, 183—187	Bk-WR	42
55, 187—195	ZPO 5	33
55, 207—210	ZPO 5	39
55, 210—217	HGB 3	4
55, 224—229	SaR 2	277
55, 236—240	ZPO 1	170
55, 278—281	ZPO 3	49
55, 293—294	ZPO 2	202
55, 310—312	ZPO 3	51
55, 312—313	ZPONebG	384
55, 314—316	AllgT 1	209
55, 326	HGes 2	13
55, 329—334	SchR 1	14
55, 345—360	AllgT 1	2
55, 367—373	AllgT 2	84
55, 378—380	ZPO 5	174
55, 389—394†	ZPO 1	83
55, 402—404	SchR 3	38
55, 419—422	FamR 2	140
55, 423—426	ZPO 1	86
56, 4—9	VerwR	205
56, 16—19	HGes 3	44
56, 19—24	Bk-WR	47
56, 25—28	KirchRVölkR	49
56, 31—36	ZPO 3	293
56, 54—58	Pat-GebrmR	72
56, 58—62	SaR 1	42
56, 63—70	AllgT 3	392
56, 79—81	ZPO 3	238
56, 81—83	SchR 7	120
56, 101—103	VerwR	64
56, 104—109	AllgT 3	398
56, 124—130	BGBNebG 3	223
56, 138—142	ZPO 1	89
56, 145—149	ZPO 6	92
56, 166—173	SchR 4	341
56, 173—179	SchR 4	347
56, 184—186	ZPO 5	176
56, 187—190	HGB 1	87
56, 196—199	HGB 1	89
56, 200—203	SchR 4	176
56, 223—229	Pat-GebrmR	73
56, 245—249	KO	62
56, 249—251	PrVersR 3	91
56, 267—270	SchR 1	18
56, 271—287†	SchR 9	29
56, 360—362	SchiffR 2	198
56, 362—366	KO	626
56, 369—371	Wz-WettbR	23
56, 388—391	ZVG	278
56, 391—396	SchiffR 1	220
56, 400—403	PrVersR 3	93
56, 423—425	AllgT 2	88
56, 425—430	HGes 4	16
57, 1—7	SchR 4	351
57, 7—12	HGB 3	10
57, 12—16	ZPO 1	92
57, 23—27	SchiffR 2	201
57, 27—30	ZPONebG	52

RGZ	Band	Seite
57, 38—42	Pat-GebrmR	77
57, 42—46	ZPO 4	267
57, 62—66	SchiffR 1	225
57, 69—77	FamR 2	120
57, 93—95	AllgT 1	304
57, 95—97	AllgT 2	89
57, 97—102	SchR 4	1
57, 105—116	SchR 3	39
57, 167—169	Bk-WR	343
57, 195—200	KO	468
57, 200—205	ZVG	61
57, 217—219	StaatsR	192
57, 223—224	ZPO 6	94
57, 277—285	BGBNebG 3	9
57, 285—288	ZPO 4	190
57, 301—310	ZPONebG	386
57, 323—326	ZPO 5	178
57, 337—342	SchR 3	311
57, 342—350	SaR 2	282
57, 350—353	ZPONebG	236
57, 358—364	AllgT 2	91
57, 372—377	AllgT 4	120
57, 381—388	ZPO 1	263
57, 392—396	SchR 7	220
57, 399—400	SchR 4	357
57, 400—402	ZPO 1	20
57, 414—416	SaR 3	221
57, 416—418	ZPO 2	203
57, 418—432†	BGBNebG 2	180
57, 432—435	ErbR 1	414
58, 8—10	ZPO 1	96
58, 12—21†	KO	472
58, 21—24	HGB 1	92
58, 48—53	Bk-WR	345
58, 54	ZPO 3	53
58, 57—61	ZPO 2	205
58, 66—71	HGB 2	125
58, 94—98	BGBNebG 3	126
58, 105—109†	KO	181
58, 109—112	ZPO 1	98
58, 129—130	Wz-WettbR	26
58, 139—141	FamR 2	143
58, 141—147	KO	182
58, 160—162	ZPO 6	20
58, 162—166	SaR 3	223
58, 166—169	KO	476
58, 190—195	SchiffR 2	205

RGZ	Band	Seite
58, 195—200	SchiffR 1	228
58, 200—202	SchR 8	110
58, 204—207	SchR 8	190
58, 223—226	HGes 2	14
58, 233—236	AllgT 2	95
58, 236—243	ZPO 6	95
58, 244—248	KirchRVölkR	52
58, 259—261	ZPO 2	208
58, 273—277	AllgT 3	402
58, 307—315	ZPO 4	298
58, 357—361	SchR 9	42
58, 366—369	Bk-WR	51
58, 369—376	KO	517
58, 387—389	AllgT 2	98
58, 393—402	SchR 9	46
58, 406—410	AllgT 2	100
58, 414—419	ZPO 1	269
58, 419—422	HGB 3	14
58, 419—422*	SchR 3	48
59, 8—10	SchR 9	53
59, 14—19	SchR 3	402
59, 25—32†	FamR 1	378
59, 43—46	HGB 3	17
59, 49—53*	SchR 9	55
59, 49—53	HGes 4	18
59, 53—58	KO	29
59, 60—64	ErbR 2	74
59, 67—69	HGes 4	20
59, 75—76	HGB 3	19
59, 85—87	ZPO 3	240
59, 87—92	ZVG	281
59, 94—96	AllgT 2	103
59, 97—100	SchR 3	341
59, 104—106	SchR 9	55
59, 120—125	HGB 3	20
59, 125—128	HGB 2	4
59, 128—132	ZPO 3	54
59, 133—138	Pat-GebrmR	79
59, 143—146	HGes 3	45
59, 150—155	SchR 4	359
59, 190—192	SchR 7	224
59, 207—212†	SchR 7	340
59. 213—216	HGB 2	128
59, 221—223	SchR 1	21
59, 232—234	SchR 4	180
59, 234—236	ZPO 1	159
59, 236—238†	SchR 9	57

RGZ	Band		Seite
59, 245—247	AllgT	2	104
59, 247—252	ZPO	6	221
59, 252—256	HGes	4	239
59, 266—277	ZVG		201
59, 280—284	KirchRVölkR		56
59, 284—287	HGB	1	95
59, 287—289	HGes	4	240
59, 296—300	AllgT	3	294
59, 305—313*	SchR	9	58
59, 305—313	SchiffR	1	232
59, 326—329	SchR	9	59
59, 337—341	AllgT	1	257
59, 341—346	ErbR	2	365
59, 346—350	ZPO	4	304
59, 355—360	ZPO	6	101
59, 367—374	KO		374
59, 374—378*	SchR	8	163
59, 374—378	HGB	3	274
59, 378—381	SchR	3	316
59, 381—388	SaR	3	190
59, 409—410	ZPO	4	307
59, 410—413	ZPO	4	308
59, 413—414	ZPO	4	193
60, 1—5	SchR	9	61
60, 9—12	AllgT	2	106
60, 21—24	AllgT	2	109
60, 24—29	SchR	8	193
60, 33—36	SchR	1	23
60, 44—48	HGB	3	278
60, 48—56†	ZVG		154
60, 84—85	SchR	1	26
60, 94—106†	AllgT	1	306
60, 120—122	ZPO	6	22
60, 126—134	ErbR	1	417
60, 138—141	SchR	9	65
60, 144—146	HGes	2	16
60, 146—147	FamR	2	4
60, 160—164	SchR	1	27
60, 234—237	SchR	4	363
60, 238—243†	SchR	5	298
60, 273—279	AllgT	2	111
60, 279—284	ZPO	5	296
60, 284—294	SchR	8	198
60, 294—296	SchR	9	67
60, 300—306*	SchR	9	70
60, 300—306	ZPO	1	100
60, 313—315†	SchR	9	70
60, 326—330	VerwR		425
60, 330—334	ZPO	5	181
60, 334—338	AllgT	2	115
60, 340—342	AllgT	4	124
60, 344—346	Pat-GebrmR		81
60, 369—371	SchR	4	42
60, 371—374	AllgT	2	119
60, 392—398	BGBNebG	3	17
60, 401—406	SchiffR	1	239
60, 415—416	SchR	4	181
60, 423—426*	ZPONebG		54
60, 423—426	SaR	1	46
60, 426—431	Bk-WR		349
61, 1—5	SaR	2	143
61, 14—18	ErbR	1	348
61, 20—23	ZPO	4	64
61, 23—26	HGes	4	242
61, 37—44	SaR	2	289
61, 44—50	Urh-VerlR		1
61, 54—56†	SchR	9	71
61, 56—65	BGBNebG	1	246
61, 65—69	SchR	3	318
61, 78—84	FamR	1	305
61, 87—89	SchR	3	48
61, 89—91	ZPO	4	66
61, 139—145	ErbR	2	226
61, 145—149	BGBNebG	3	153
61, 150—153	ZPONebG		54
61, 153—157	SchR	7	323
61, 157—160	SchR	7	344
61, 164—171	BGBNebG	2	6
61, 171—178	SchR	4	366
61, 178—182	Urh-VerlR		5
61, 188—194	HGes	4	244
61, 188—194*	SaR	1	48
61, 207—214	AllgT	3	406
61, 217—220	KO		187
61, 241—242	ZPO	1	173
61, 250—253	SchR	9	72
61, 259—263	KO		360
61, 264—267	SchR	2	258
61, 273—278	ErbR	2	444
61, 279—281*	HGB	3	24
61, 279—281	SchR	3	50
61, 284—286	AllgT	2	121
61, 286—292	ZPO	1	175
61, 318—322	SchR	8	112

RGZ	Band	Seite
61, 322—328	VerwR	66
61, 330—333	ZPO 5	184
61, 348—354	SchR 3	52
61, 355—358	SaR 2	295
61, 359—366	ZPO 6	106
61, 366—371	SchR 9	75
61, 405—409	ZPO 2	210
61, 414—416	AllgT 2	122
61, 423—430	ZPO 5	300
61, 430—434	SchR 9	79
62, 1—7	BGBNebG 3	157
62, 15—18	ZPO 4	68
62, 24—25	ZPO 6	225
62, 25—26	Pat-GebrmR	82
62, 46—49	KO	189
62, 49—51	AllgT 2	125
62, 51—55	SchR 6	365
62, 56—62	HGes 1	46
62, 62—66	ZPO 6	112
62, 78—79	AllgT 3	297
62, 87—90	VerwR	71
62, 96—99	HGes 2	16
62, 109—111	ErbR 2	369
62, 119—122†	SchR 7	122
62, 126—130	AllgT 2	126
62, 140—145	BGBNebG 3	22
62, 145—149	BGBNebG 2	12
62, 149—152	AllgT 2	130
62, 165—168	KirchRVölkR	285
62, 178—184	AllgT 4	125
62, 184—188	AllgT 2	133
62, 188—190	ZPO 5	42
62, 193—197	VerwR	210
62, 201—206	AllgT 2	136
62, 207—210	ZPO 1	329
62, 215—219	HGes 4	247
62, 220—225	KirchRVölkR	59
62, 225—228	SchR 5	361
62, 248—252	AllgT 1	437
62, 252—255	KirchRVölkR	64
62, 255—259	HGB 3	24
62, 259—263	SchR 3	238
62, 267—268	AllgT 3	298
62, 268—273	VerwR	350
62, 273—278	SchR 5	301
62, 282—286	AllgT 2	140
62, 300—303	SchR 4	371
62, 303—315	HGes 4	21
62, 331—335	SchR 1	30
62, 337—340	BGBNebG 2	15
62, 346—351	SchR 1	34
62, 351—353†	ZPO 6	46
62, 355—362	KirchRVölkR	66
62, 373—375	SchiffR 2	209
62, 375—379	BGBNebG 3	27
62, 379—384	AllgT 1	16
62, 386—391	SchR 5	305
62, 400—406	AllgT 1	20
62, 411—415	SchR 2	261
62, 420—425	SchiffR 1	244
62, 431—433	SchR 4	373
63, 1—6	VerwR	214
63, 11—14	SchR 7	347
63, 16—18	SaR 1	341
63, 18—21	AllgT 1	26
63, 23—30	ErbR 2	310
63, 30—31	HGB 3	193
63, 38—42	ZPO 6	115
63, 42—53	SchR 4	183
63, 57—62	SchR 4	375
63, 69—74*	HGB 2	44
63, 74—76	SaR 2	299
63, 76—78	FamR 2	250
63, 82—85	ZPO 2	27
63, 92—96	ZPONebG	57
63, 96—98	HGes 3	47
63, 105—110	VerwR	219
63, 116—118	SchR 1	38
63, 129—132	AllgT 1	226
63, 133—138	KO	426
63, 140—143	Pat-GebrmR	83
63, 140—143*	ZPO 4	70
63, 146—152	SchR 9	83
63, 161—164	Pat-GebrmR	85
63, 174—179	VerwR	223
63, 190—195	ZVG	342
63, 203—214	HGes 1	48
63, 214—219	ZPO 5	186
63, 226—230	HGB 1	97
63, 230—236	SaR 2	300
63, 241—244	Wz-WettbR	26
63, 252—256	HGB 2	6
63, 265—268	HGes 3	49
63, 280—288	SchR 7	226

RGZ	Band	Seite
63, 297—298	SchR 1	40
63, 298—301	StaatsR	193
63, 301—307	HGB 3	194
63, 308—312	SchiffR 2	212
63, 323—324	SchR 6	231
63, 330—332	ZPO 5	190
63, 332—333	BGBNebG 1	254
63, 346—356	SchR 8	206
63, 356—361	AllgT 1	28
63, 364—367	KO	33
63, 394—401	Urh-VerlR	7
63, 411—413	AllgT 2	143
63, 413—416	ZPO 2	29
63, 416—423	AllgT 1	440
63, 423—428	SchR 8	214
64, 6—9	VerwR	73
64, 44—47	ZPO 2	31
64, 52—62†	BGBNebG 2	184
64, 63—67	Wz-WettbR	28
64, 67—73	ZPO 1	180
64, 95—100	Wz-WettbR	30
64, 108—114	SchR 8	140
64, 159—163	AllgT 2	145
64, 173—178	ErbR 2	449
64, 178—181	Pat-GebrmR	87
64, 181—182	AllgT 2	148
64, 183—187	StaatsR	196
64, 187—194	HGes 4	26
64, 228—231	ZPO 5	43
64, 236—241	HGB 3	27
64, 258—262	HGes 1	51
64, 266—270	AllgT 2	149
64, 276—278	HGes 4	250
64, 291—294	SchR 3	321
64, 294—296†	SchR 7	122
64, 308—315†	ZVG	210
64, 315—318	ZPO 3	297
64, 321—323	ZPO 1	185
64, 323—328	FamR 1	310
64, 344—346	SchR 9	88
64, 361—363	ZPO 4	71
64, 363—366	SaR 1	198
64, 366—374	SchR 3	406
64, 381—385	SchR 5	364
64, 385—388	SaR 1	1
64, 406—408	ZPO 3	282
64, 415—421	ZVG	285
64, 425—429	KO	380
64, 429—435	ZPO 3	273
65, 5—11	ErbR 1	422
65, 14—17	HGB 1	99
65, 29—35	SchR 5	367
65, 46—49	SchR 3	58
65, 49—57	HGB 3	32
65, 86—91	AllgT 2	152
65, 86—91*	HGB 2	47
65, 91—93	HGes 1	54
65, 98—103	BGBNebG 3	30
65, 103—107	SchR 9	90
65, 113—118	BGBNebG 2	17
65, 132—134	KO	383
65, 142—146	FamR 2	145
65, 146—151	KirchRVölkR	73
65, 164—171	SchR 3	242
65, 175—176	ZPO 6	226
65, 177—183	Bk-WR	55
65, 183—185	HGes 4	252
65, 199—204	FamR 2	252
65, 204—210†	BGBNebG 2	22
65, 214—223	ErbR 2	149
65, 223—227	HGes 4	27
65, 241—244	HGes 1	54
65, 245—249†	AllgT 4	92
65, 260—264	SaR 2	305
65, 268—269	AllgT 4	130
65, 270—277†	ErbR 2	77
65, 277—284	AllgT 1	260
65, 284—285	ZPO 4	72
65, 285—287	ZPO 1	310
65, 290—292	SchR 9	93
65, 303—304	Pat-GebrmR	88
65, 333—345	Wz-WettbR	31
65, 357—361	AllgT 1	32
65, 357—361*	Bk-WR	353
65, 376—379	ZPO 5	45
65, 379—382	HGes 3	52
65, 382—389	SchiffR 2	215
65, 390—395	SchR 2	265
65, 398—399*	AllgT 4	131
65, 398—399	ZPO 2	213
65, 399—407†	ZPO 2	214
65, 409—412	Bk-WR	354
65, 412—414	HGB 1	17
65, 414—420	SaR 2	310

RGZ	Band	Seite	RGZ	Band	Seite
66, 7—10	Bk-WR	357	**66, 385—390**	AllgT 2	166
66, 21—24	AllgT 2	156	**66, 391—395**	ZVG	213
66, 24—28	SchR 1	41	**66, 396—398**	ZPO 3	57
66, 30—32	ErbR 2	371	**66, 399—402**	ZPO 2	121
66, 37—38	HGes 1	56	**66, 402—407**	SchR 1	44
66, 39—42	SchiffR 2	222	**66, 415—419**	HGB 1	101
66, 48—53	AllgT 4	132	**66, 425—427†**	SchR 3	66
66, 54—61	SchR 3	374	**66, 427—429**	AllgT 2	171
66, 61—72	SchR 4	380	**67, 5—8**	SchR 3	68
66, 88—90	AllgT 1	446	**67, 8—10**	HGB 1	105
66, 103—106	ErbR 2	82	**67, 8—10***	SchR 4	45
66, 107—113	SchR 11	1	**67, 10—13**	SchiffR 1	248
66, 116—122	HGes 2	18	**67, 13—20†**	SchR 6	254
66, 115—116	SchR 4	390	**67, 20—22**	KO	192
66, 122—125	AllgT 2	159	**67, 51—56**	AllgT 3	411
66, 128—131	HGes 4	29	**67, 56—61**	FamR 1	244
66, 134—138	HGes 4	30	**67, 61—64**	AllgT 3	415
66, 139—143	AllgT 2	162	**67, 65—67**	ErbR 2	85
66, 153—154	AllgT 2	165	**67, 71—75**	ZPO 6	228
66, 158—164	PrVersR 2	180	**67, 79—83†**	AllgT 1	230
66, 164—167	Pat-GebrmR	89	**67, 84—86**	Urh-VerlR	10
66, 178—181	ZPO 4	73	**67, 86—90**	HGB 1	106
66, 181—186	HGes 1	58	**67, 95—100**	SaR 2	315
66, 181—186*	KO	35	**67, 101—105†**	SchR 3	71
66, 186—200†	HGB 3	39	**67, 128—132**	SchR 4	259
66, 186—200†	ZPO 2	219	**67, 133—138**	Wz-WettbR	36
66, 201—202	Bk-WR	359	**67, 146—148**	SchR 4	396
66, 240—246	ZPO 1	141	**67, 159—166**	ZPO 6	119
66, 251—255	SchR 9	94	**67, 169—171**	AllgT 2	173
66, 258—266	SaR 3	227	**67, 214—221**	SaR 3	235
66, 277—278	ZPO 3	278	**67, 260—262**	SchR 4	263
66, 279—285	SchR 3	379	**67, 262—266†**	SchR 8	115
66, 285—289	SaR 1	49	**67, 271—273**	VerwR	354
66, 289—292	SchR 4	391	**67, 273—276**	HGes 4	253
66, 295—305	Bk-WR	361	**67, 276—291**	EBR	10
66, 305—306	ZPO 5	48	**67, 295—299**	Bk-WR	369
66, 313—316	Pat-GebrmR	90	**67, 300—306**	SchiffR 1	251
66, 316—319	SchR 4	393	**67, 313—321**	SchR 3	73
66, 320—323	HGes 3	53	**67, 321—326**	SchR 8	218
66, 323—326	ZPO 4	75	**67, 331—333**	SaR 3	240
66, 326—330	KO	364	**67, 343—345**	ZPO 3	241
66, 330—332	ZPO 1	21	**67, 349—353**	Wz-WettbR	38
66, 332—335	SchR 7	350	**67, 365—372**	ZPO 6	125
66, 344—350	SchR 3	61	**67, 372—378**	KO	367
66, 356—359	AllgT 1	447	**67, 380—383**	ZVG	65
66, 365—369†	AllgT 4	136	**67, 408—412**	FamR 2	256
66, 369—376	HGes 1	61	**67, 412—416**	SchR 4	191

RGZ	Band	Seite
67, 416—420	BGBNebG 3	130
67, 431—434	SchR 9	97
68, 1—6	HGes 4	32
68, 6—10	AllgT 2	175
68, 15—16	AllgT 2	178
68, 17—24†	SchR 4	398
68, 32—35	SchR 1	49
68, 37—41	FamR 2	148
68, 41—42	SchR 3	324
68, 49—55	Urh-VerlR	12
68, 65—66	SchiffR 1	257
68, 66—67	ZPO 3	243
68, 70—74	ZPONebG	60
68, 108—116	PrVersR 2	247
68, 126—130	AllgT 2	179
68, 135—138	VerwR	227
68, 150—155	KO	194
68, 161—163	SchR 5	372
68, 163—166	SchR 1	51
68, 163—166*	ZPO 2	222
68, 172—180	HGes 2	19
68, 180—182	SchiffR 2	225
68, 192—194	SchR 1	54
68, 203—210*	AllgT 1	36
68, 203—210	SchiffR 1	258
68, 210—213	HGes 2	21
68, 247—257	ZPO 3	299
68, 260—263	SchR 2	270
68, 271—277	HGes 2	23
68, 294—297	HGB 1	110
68, 305—308	SchR 1	56
68, 309—313	HGes 2	24
68, 314—317	HGes 1	63
68, 317—322	HGB 2	10
68, 322—326	AllgT 2	182
68, 326—329	SchR 5	310
68, 329—334	SchR 3	80
68, 334—340†	ZPO 4	194
68, 355—357	SchR 4	45
68, 368—370	HGB 3	49
68, 374—378	KO	198
68, 381—386	HGes 2	25
68, 386—390	SaR 1	4
68, 398—402	AllgT 2	185
68, 402—406	ZPO 4	391
68, 410—418	HGes 3	56
68, 424—426	FamR 2	5
68, 427—428	Bk-WR	373
68, 429—431	SchR 9	100
69, 9—13	SchR 1	59
69, 13—17	AllgT 2	189
69, 13—17*	HGB 2	132
69, 23—26	SchiffR 1	265
69, 31—36	Wz-WettbR	41
69, 36—44	SaR 2	320
69, 44—50	ZPONebG	64
69, 59—64	ZPONebG	68
69, 68—78	VerwR	229
69, 85—94†	KO	36
69, 103—108	SchR 3	84
69, 130—134	AllgT 2	192
69, 134—137	HGes 2	27
69, 137—141	SchR 1	63
69, 141—143	HGes 4	256
69, 143—149	AllgT 2	195
69, 150—158	AllgT 1	449
69, 159—163	VerwR	238
69, 163—167	ZPONebG	72
69, 177—183	FamR 2	7
69, 197—198	SaR 1	7
69, 236—237	Wz-WettbR	44
69, 238—242	PrVersR 3	96
69, 247—253	AllgT 1	190
69, 254—257	KO	201
69, 261—263	AllgT 2	200
69, 261—263*	ZPO 2	222
69, 271—274	BGBNebG 3	133
69, 274—276	ErbR 2	315
69, 307—309	HGB 1	302
69, 331—336	Pat-GebrmR	92
69, 355—357	SchR 3	88
69, 363—366	HGB 2	47
69, 366—371	HGes 4	33
69, 376—380	Wz-WettbR	45
69, 389—391	ErbR 2	373
69, 391—399	KirchRVölkR	77
69, 401—406	Urh-VerlR	18
69, 407—410	SchR 1	65
69, 413—416	ErbR 2	317
69, 422—429	SchR 9	102
69, 429—432	SchR 4	402
70, 1—7†	SchR 7	326
70, 25—28	ZPO 5	50
70, 32—35	Sch 6	259

RGZ	Band	Seite
70, 48—52†	SchR 9	108
70, 55—59	AllgT 2	202
70, 59—61	FamR 1	94
70, 77—82	VerwR	76
70, 82—87	SchR 4	405
70, 88—91	SchR 4	47
70, 116—118	Bk-WR	375
70, 127—132	SchR 3	90
70, 148—150	HGes 4	258
70, 158—160	ZPO 3	59
70, 160—163	Pat-GebrmR	94
70, 163—165	SchR 4	4
70, 170—173	AllgT 1	218
70, 174—177	EBR	23
70, 179—189	ZPO 3	307
70, 193—198	ZVG	68
70, 198—199	ZPO 1	104
70, 200—208	SaR 1	201
70, 208—212	Bk-WR	377
70, 234—237	BGBNebG 3	35
70, 249—254	Pat-GebrmR	96
70, 254—257	HGes 4	260
70, 263—266	AllgT 1	231
70, 274—278	SchiffR 2	227
70, 278—283	ZPO 5	193
70, 291—296	ZPO 2	34
70, 296—303	HGes 2	28
70, 308—311	SaR 1	344
70, 319—321	Pat-GebrmR	98
70, 332—334	ErbR 2	156
70, 339—344	AllgT 2	205
70, 350—353	Bk-WR	381
70, 353—360	SaR 2	327
70, 378—379	SaR 2	334
70, 387—391	HGes 4	262
70, 391—395	ErbR 2	87
70, 399—405	ZVG	102
70, 411—416	ZVG	160
71, 7—8	SchR 1	68
71, 14—16	Bk-WR	384
71, 20—22	AllgT 1	196
71, 23—24	SchR 3	385
71, 26—30	SchiffR 1	267
71, 30—33	SchR 4	50
71, 30—33*	HGB 2	132
71, 38—41	KO	41
71, 89—91	KO	204
71, 102—104	SchR 8	117
71, 104—108	Urh-VerlR	21
71, 131—133	ZPO 3	61
71, 133—137	ErbR 1	428
71, 152—155	HGes 4	265
71, 155—162	ZPO 2	124
71, 162—170	FamR 2	259
71, 170—173	SchR 9	111
71, 173—176	SchR 7	124
71, 179—183	ZPO 5	52
71, 184—187	SchR 4	53
71, 187—192	SchR 3	95
71, 192—194	AllgT 2	209
71, 195—199	Pat-GebrmR	99
71, 217—218	SchR 9	113
71, 240—243	AllgT 4	275
71, 243—248	BeamtR 8	
71, 248—254	SaR 1	9
71, 254—256	HGes 3	59
71, 262—266	AllgT 1	265
71, 276—278	SchR 3	344
71, 289—293	SchR 5	312
71, 289—293*	Bk-WR	385
71, 309—312	ZPO 6	130
71, 312—315	BGBNebG 3	38
71, 321	ZPONebG	393
71, 324—329	SchR 3	248
71, 330—334	SchiffR 1	271
71, 353—354	ZPONebG	75
71, 355—358	Urh-VerlR	23
71, 366—371	ErbR 1	431
71, 377—380	HGes 1	64
71, 380—384	ErbR 1	351
71, 388—393	HGes 4	36
71, 393—399	PrVersR 3	100
71, 404—414	ZVG	218
71, 415—416	SchR 7	353
71, 418—421	SchR 5	374
71, 418—421*	ZPO 5	196
71, 432—437†	SchR 9	115
72, 4—12	HGes 4	38
72, 12—15	FamR 2	11
72, 15—22	PrVersR 3	330
72, 22—27	ZPO 5	56
72, 27—30	ZPO 6	132
72, 55—59	Bk-WR	61
72, 107—116†	BGBNebG 2	26

RGZ	Band	Seite
72, 116—119	SchR 2	272
72, 119—124	HGes 3	60
72, 124—128	ZPO 5	60
72, 133—138	AllgT 2	211
72, 138—142	SchR 7	354
72, 143—146	ZPO 2	222
72, 146—149	Wz-WettbR	46
72, 162—165	Urh-VerlR	25
72, 165—168	FamR 1	381
72, 175—177	SchR 9	119
72, 177—179	SchR 7	126
72, 179—181	AllgT 4	138
72, 181—185†	ZPO 5	197
72, 199—203	FamR 1	248
72, 204—207	ErbR 2	319
72, 209—211	ErbR 2	453
72, 213—215	SchR 4	56
72, 213—215*	PrVersR 1	179
72, 219—220	SchR 1	70
72, 236—242	HGes 4	40
72, 242—251	Pat-GebrmR	100
72, 251—255	AllgT 4	278
72, 260—264	ErbR 1	354
72, 344—346	ZVG	226
72, 362—368	SaR 2	335
72, 377—379	SchR 4	6
72, 379—384	ErbR 2	375
72, 385—393	SchR 2	274
72, 393—395	HGB 2	13
72, 401—407	HGes 2	31
72, 412—418†	BGBNebG 3	163
72, 434—437	HGB 1	113
72, 437—441	BGBNebG 1	254
73, 21—23	SchR 1	71
73, 26—30	ErbR 2	232
73, 30—36	HGes 2	32
73, 44—46	HGes 2	34
73, 50—53	SaR 1	52
73, 69—71	SchR 2	245
73, 78—82	HGes 1	67
73, 125—131	SaR 1	55
73, 136—138	AllgT 2	215
73, 138—141	SchR 4	8
73, 143—145	SchR 8	222
73, 145—146	KO	288
73, 146—148	SchR 7	127
73, 154—157	BGBNebG 3	41

RGZ	Band	Seite
73, 187—194	AllgT 1	316
73, 194—197†	ZVG	192
73, 197—205	VerwR	374
73, 210—211	SchR 4	409
73, 220—222	SchR 6	369
73, 234—238	HGes 1	68
73, 238—244	FamR 1	384
73, 244—250	Bk-WR	64
73, 250—253	Bk-WR	386
73, 257—262	HGB 3	51
73, 257—262*	SchR 4	411
73, 262—264	SchR 7	358
73, 270—272	SaR 1	209
73, 298—302	ZVG	229
73, 306—309	ZPO 2	225
73, 316—320	SaR 2	149
73, 333—341	SchR 1	73
73, 341—343	SchR 5	376
73, 343—346	HGes 1	69
73, 347—355	AllgT 4	1
73, 359—362	PrVersR 2	253
73, 366—369	HGes 1	70
73, 372—379	ErbR 1	436
73, 369—372	ErbR 2	380
73, 379—392†	AllgT 1	36
73, 379—392*	HGB 3	55
73, 394—397	AllgT 4	140
73, 397—402	ZVG	1
73, 410—415	HGes 4	44
73, 423—426	HGB 2	15
74, 1—6	SchR 9	121
74, 16—18	KO	206
74, 18—21	VerwR	242
74, 21—24	AllgT 1	322
74, 27—33†	BGBNebG 2	32
74, 35—39†	SchR 5	378
74, 46—47	SchiffR 1	275
74, 51—55	FamR 1	389
74, 62	HGes 3	63
74, 63—69	HGes 3	64
74, 69—76	AllgT 2	217
74, 76—78	FamR 2	127
74, 78—85	ZPO 5	198
74, 87—91	SaR 1	211
74, 106—110	SaR 2	341
74, 110—114	FamR 1	20
74, 114—117	AllgT 1	269

RGZ	Band	Seite
74, 117—121	SchR 4	58
74, 124—126	SchR 1	411
74, 131—133	SchR 9	125
74, 131—133*	ZPO 3	63
74, 139—143	SchR 5	315
74, 143—146	SchR 9	127
74, 150—151	AllgT 4	142
74, 158—161	SaR 1	61
74, 161—163	AllgT 4	143
74, 167—169	HGB 2	49
74, 176—180	SchR 5	380
74, 184—186	Bk-WR	389
74, 193—197	SchiffR 1	276
74, 197—201	SchR 7	129
74, 207—208	Bk-WR	391
74, 209—213	Pat-GebrmR	106
74, 213—215	SaR 2	344
74, 215—220	ErbR 2	235
74, 224—231	SchR 9	130
74, 224—231*	ZPONebG	76
74, 234—236	AllgT 2	57
74, 247—248	SchR 6	1
74, 247—248*	ZPO 5	204
74, 249	SchR 9	135
74, 249—250*	ZPO 6	135
74, 250—258†	SchR 9	136
74, 258—263	KO	430
74, 263—268	AllgT 4	7
74, 292—295	SchR 5	1
74, 297—301	HGes 1	72
74, 301—303	HGes 1	75
74, 303—306	Wz-WettbR	49
74, 308—313	Wz-WettbR	50
74, 313—316	HGes 4	268
74, 332—335	AllgT 2	222
74, 335—339	SchiffR 1	280
74, 339—342	SchR 8	119
74, 345—350	Wz-WettbR	54
74, 351—354	Bk-WR	392
74, 357—359	HGes 2	35
74, 359—362	Urh-VerlR	28
74, 365—367	ZPO 4	78
74, 371—375	AllgT 1	324
74, 375—378	SchR 9	140
74, 394—398	Pat-GebrmR	109
74, 398—400†	HGB 3	289
75, 7—10	BGBNebG 1	258
75, 19—24	SchR 1	80
75, 24—26	ZPO 3	63
75, 79—80	HGes 4	270
75, 116—119	SchR 6	2
75, 124—128	FamR 1	252
75, 138	ZVG	338
75, 139—142	HGB 1	115
75, 142—145	SchR 4	61
75, 145—147	VerwR	245
75, 153—158	KO	479
75, 161—164	FamR 2	151
75, 164—169	HGes 2	36
75, 169—172	PrVersR 3	105
75, 190—199	EBR	26
75, 199—201†	ZPO 5	63
75, 203—208	HGes 2	37
75, 234—239	HGes 1	77
75, 251—257	SchR 9	142
75, 257—259	SchR 1	84
75, 259—271†	SchR 8	164
75, 286—295†	ZPO 2	228
75, 286—295*	AllgT 4	144
75, 295—299	FamR 2	14
75, 302—308	SchR 9	147
75, 308—311	HGes 1	80
75, 313—317	ZVG	164
75, 317—319	Pat-GebrmR	111
75, 319—322	HGes 4	271
75, 321—325†	ZPO 6	231
75, 333—335	SchR 1	85
75, 335—338	SchR 1	87
75, 338—345	SchR 4	195
75, 345—347	Wz-WettbR	55
75, 347—350	Wz-WettbR	56
75, 350—354	SchR 3	99
75, 357—361	FamR 2	154
75, 361—363	SchR 8	224
75, 363—367	ZPO 2	129
75, 370—374	Wz-WettbR	58
75, 377—378	PrVersR 1	180
75, 386—397	SchR 7	285
75, 400—405	Pat-GebrmR	112
75, 414—419	ZPO 1	106
75, 433—435	FamR 1	255
75, 435—438	SchR 5	3
76, 1—4	SchR 4	201
76, 7—12	HGB 1	118

RGZ	Band	Seite
76, 33—34	SchR 2	281
76, 59—61	SchR 4	41
76, 78—81	AllgT 2	225
76, 85—88	SchiffR 1	284
76, 94—95	ErbR 2	322
76, 99—101	AllgT 2	227
76, 107—110	AllgT 2	229
76, 110—112	SchR 9	152
76, 116—120	ZVG	19
76, 133—138	FamR 1	392
76, 146—150	SchR 1	89
76, 150—154	SchR 3	102
76, 155—160	HGes 2	39
76, 170—174	HGes 4	46
76, 179—181	Bk-WR	395
75, 179—182†	ZPO 6	135
76, 185—187	FamR 2	267
76, 191—195	AllgT 2	231
76, 215—220†	BGBNebG 2	34
76, 225—231†	SchR 9	154
76, 231—234	ZPO 5	204
76, 239—244	SchR 8	177
76, 244—250	HGes 1	83
76, 250—253	HGB 2	75
76, 263—266	HGB 1	122
76, 276—282	SchR 6	262
76, 298—300	Pat-GebrmR	114
76, 303—306	SchR 7	360
76, 323—327	VerwR	80
76, 330—335	HGes 3	67
76, 339—345	Urh-VerlR	30
76, 345—350†	SchR 7	233
76, 354—356	SchR 7	208
76, 361—364	SchR 7	210
76, 364—366	AllgT 3	299
76, 367—371	SchR 6	5
76, 357—361	SaR 1	308
76, 379—383	ZVG	232
76, 406—408	ZPO 5	65
76, 409—414	SchR 9	156
76, 409—414	ZPO 6	23
76, 414—434†	BGBNebG 2	302
76, 439—441	AllgT 2	234
76, 439—441*	HGB 1	124
77, 5—8	ErbR 2	91
77, 49—53	KO	208
77, 70—71	AllgT 2	235
77, 84—88	SaR 1	63
77, 88—92	HGes 1	87
77, 95—96	ZPO 4	271
77, 102—105	HGes 3	69
77, 111—114	ErbR 2	94
76, 116—120*	SaR 2	346
77, 73—76	Wz-WettbR	60
77, 128—130	HGes 2	41
77, 132—139	ZPO 3	65
77, 139—141	Bk-WR	397
77, 141—149	ZPO 2	229
77, 152—157	HGes 2	42
77, 157—159	SchR 4	63
77, 162—165	FamR 2	157
77, 175—177	SaR 2	347
77, 185—191	Bk-WR	399
77, 211—213	SchR 9	156
77, 223—229	SchR 6	267
77, 245—247	ErbR 1	358
77, 245—247*	ZPO 5	67
77, 248—250	Pat-GebrmR	116
77, 255—262	HGes 1	88
77, 265—268	Wz-WettbR	62
77, 268—277	HGes 1	90
77, 282—284	ErbR 2	382
77, 290—293	SchR 3	325
77, 309—314	AllgT 2	236
77, 315—317	ZPO 6	234
77, 317—324	SchR 4	264
77, 324—333	AllgT 4	145
77, 333—336	HGes 1	95
77, 336—341	SchR 7	294
77, 407—408	SchR 4	65
77, 408—410†	SchR 7	20
77, 408—410*	HGB 2	17
77, 423—429	BGBNebG 3	44
78, 10—14	Pat-GebrmR	116
78, 14—19	SchR 9	158
78, 35—37	SaR 1	346
78, 37—41	SchR 4	204
78, 41—48	SchR 8	226
78, 48—52	AllgT 1	45
78, 52—55	AllgT 1	327
78, 55—60	AllgT 1	48
78, 60—71	SaR 3	196
78, 71—78†	KO	314
78, 71—78*	SchR 8	231

RGZ	Band	Seite
78, 84—87	Urh-VerlR	34
78, 91—95	KO	65
78, 101—107	AllgT 1	271
78, 101—107*	ZPO 1	146
78, 107—111	SchR 9	162
78, 115—121	AllgT 2	240
78, 130—134	AllgT 4	152
78, 137—143	SchR 1	93
78, 149—154	HGB 3	281
78, 163—169	SchR 8	122
78, 186—190	KO	434
78, 234—238	AllgT 1	53
78, 239—241	SchR 1	98
78, 252—256	HGB 2	51
78, 256—258	ZPO 1	110
78, 258—264	AllgT 2	245
78, 270—272	SchR 1	100
78, 275—281	AllgT 4	155
78, 282—285†	SchR 8	232
78, 298—302	AllgT 2	250
78, 298—302	Urh-VerlR	36
78, 307—310	SchiffR 2	230
78, 316—322	ZPONebG	239
78, 325—330	AllgT 1	198
78, 334—337	SchR 1	102
78, 340—343	VerwR	83
78, 347—355	AllgT 2	254
78, 363—368	Pat-GebrmR	119
78, 377—379	ZPO 6	183
78, 380	SchiffR 1	287
78, 382—384	SchR 4	11
78, 385—389*	HGB 2	54
78, 385—389	SchR 1	104
78, 389—398*	SchR 9	166
78. 389—398	ZPO 3	70
78, 398—410	ZPO 6	137
78, 421—425	SchR 6	271
78, 427—432	VerwR	247
78, 432—436	SchR 7	22
78, 436—440	Pat-GebrmR	122
79, 9—16	FamR 2	269
79, 24—27	KO	212
79, 27—31	KO	43
79, 32—34	ErbR 2	96
79, 36—43	SchR 3	327
79, 55—61†	SchR 9	166
79, 81—85	ZPO 4	79
79, 96—101	AllgT 3	376
79, 101—108†	SchR 9	171
79, 116—121	SaR 1	214
79, 129—133	KO	345
79, 156—162	Urh-VerlR	39
79, 165—169	ZPO 3	76
79, 174—178	HGes 1	96
79, 178—182	SchiffR 1	288
79, 194—197	SchR 9	175
79, 201—209	ErbR 1	361
79, 209—212	KO	68
79, 212—216	AllgT 4	11
79, 216—219	ZPO 2	37
79, 240—241	SchR 8	85
79, 241—246	ZPO 5	207
79, 266—268	ErbR 1	441
79, 271—275	HGes 2	44
79, 282—285	AllgT 4	15
79, 288—292	SchR 4	270
79, 292—296	Wz-WettbR	64
79, 306—310	SaR 3	242
79, 312—320	BGBNebG 1	1
79, 328—330	Pat-GebrmR	124
79, 359—361	SchR 4	13
79, 366—371	BGBNebG 3	165
79, 371—375	AllgT 2	259
79, 381—389	Bk-WR	70
79, 397—402	Urh-VerlR	42
79, 409—412	AllgT 1	329
79, 427—434	Pat-GebrmR	125
79, 434—439	AllgT 2	262
80, 1—9	ZPONebG	76
80, 15—18	Pat-GebrmR	129
80, 29—30	SchR 7	26
80, 30—37	ErbR 2	159
80, 37—41	KO	484
80, 54—58	Pat-GebrmR	130
80, 62—65	FamR 1	315
80, 65—68	FamR 2	160
80, 78—81	Urh-VerlR	45
80, 81—87	HGes 1	99
80, 88—92	FamR 1	1
80, 92—95	SchR 4	207
80, 95—99	HGes 1	103
80, 104—110	HGes 2	46
80, 124—129	Wz-WettbR	67
80, 135—138	ErbR 2	385

RGZ	Band	Seite
80, 172—175†	ZPO 3	80
80, 175—180	HGes 2	47
80, 180—183	HGes 4	47
80, 183—184	SchR 4	66
80, 189—195	AllgT 1	332
80, 208—211	SchR 6	233
80, 217—219	FamR 1	396
80, 219—226	AllgT 2	266
80, 229—233	SaR 2	163
80, 233—237	SchiffR 1	292
80, 240—243	ZPO 4	199
80, 247—252	FamR 1	398
80, 262—268	AllgT 1	56
80, 262—268*	ZPO 2	236
80, 268—273	SchR 6	275
80, 281—285	SaR 1	14
80, 285—287	ErbR 1	367
80, 308—311	BeamtR	11
80, 311—317†	SaR 2	167
80, 350—351	ZVG	107
80, 377—385	ErbR 2	164
80, 385—391	HGes 2	49
80, 393—395	SchR 4	15
80, 395—400†	SchR 6	9
80, 400—406	AllgT 2	272
80, 407—416	KO	318
80, 416—419	AllgT 4	17
80, 439—441	SchR 7	132
81, 11—13	VerwR	251
81, 13—17*	PrVersR 1	1
81, 13—17	AllgT 2	276
81, 17—22	HGes 1	106
81, 30—34	ErbR 1	443
81, 71—82	SaR 2	348
81, 82—86	SaR 2	358
81, 92—95	HGes 3	70
81, 120—125	Urh-VerlR	47
81, 141—144	SaR 1	348
81, 134—141	SchR 2	283
81, 144—146	KO	214
81, 146—151	SaR 2	362
81, 151—152	ErbR 1	369
81, 153—157	HGes 1	108
81, 166—171	ErbR 2	239
81, 171—175	Wz-WettbR	70
81, 175—177	AllgT 2	279
81, 193—200	ZPO 4	395
81, 200—204	SchR 6	12
81, 204—206	ErbR 2	388
81, 206—214	AllgT 1	337
81, 214—216	SchR 1	108
81, 233—237	Urh-VerlR	50
81, 241—244	FamR 2	128
81, 250—254	SchR 4	67
81, 254—256	Bk-WR	571
81, 257—261	AllgT 4	19
81, 261—266	SchR 8	233
81, 266—269	SchR 5	5
81, 269—273	HGes 4	48
81, 273—276	AllgT 1	61
81, 288—291	ZPO 6	146
81, 293—296	ErbR 1	371
81, 303—306	SchR 3	106
81, 321—324	ZPO 2	67
81, 325—329	AllgT 4	23
81, 332—340	HGes 1	111
81, 364—368	ErbR 2	171
81, 395—399	AllgT 2	281
81, 413—414	ErbR 2	455
81, 424—428	KO	216
81, 433—437	AllgT 2	285
82, 16—20	Urh-VerlR	52
82, 25—29	SchR 4	274
82, 32—34	Bk-WR	78
82, 39—47	ZPONebG	394
82, 70—72	SchR 7	362
82, 72—73	HGes 1	117
82, 112—115	SchR 9	178
82, 138—143	HGes 1	118
82, 146—149	SchiffR 2	233
82, 160—161	HGes 3	72
82, 164—167	HGB 1	124
82, 182—189	HGes 1	121
82, 206—221†	SchR 9	181
82, 222—224	AllgT 2	288
82, 227—232	ZPO 5	211
82, 243—248	Wz-WettbR	73
82, 273—278†	SchR 4	210
82, 285—288	SchR 7	27
82, 288—293	HGes 2	51
82, 294—299	AllgT 1	343
82, 299—305	HGes 2	54
82, 299—305*	SchR 9	189
82, 333—337	Urh-VerlR	55

RGZ	Band	Seite
82, 344—346	SchR 2	289
82, 346—350	HGes 1	124
82, 350—355	HGes 2	57
82, 360—363	HGes 1	127
82, 363—375	SchR 6	15
82, 386—390	HGes 2	58
82, 395—400	SchR 6	279
82, 400—407	HGB 2	132
82, 417—422	SchiffR 1	295
82, 422—427	ZPO 3	315
82, 427—431†	SchR 7	29
82, 427—431*	HGB 2	18
82, 436—440	BGBNebG 1	8
83, 9—15	Pat-GebrmR	133
83, 32—37	SchR 7	213
83, 45—50	HGes 4	49
83, 65—67†	SchR 9	189
83, 71—75	SchR 1	110
83, 81—87	ZPO 1	112
83, 87—93	ZVG	5
83, 93—97	Pat-GebrmR	135
83, 104—107	AllgT 3	301
83, 107—109	HGes 3	73
83, 109—116	AllgT 2	290
83, 109—116*	ZPONebG	328
83, 116—121†	ZPO 5	215
83, 125—130	SaR 1	67
83, 137—138	SchR 6	25
83, 141—142	SchiffR 1	299
83, 142—149	SaR 1	218
83, 172—176	HGes 1	128
83, 184—189	SchR 4	70
83, 206—214	KO	385
83, 214—216	SchR 5	8
83, 223—231	SchR 5	319
83, 241—244	SchR 5	10
83, 245—248	SchR 5	12
83, 248—253	HGes 1	131
83, 253—256	ErbR 2	390
83, 256—266	HGes 2	61
83, 274—279	Pat-GebrmR	138
83, 279—283	SchR 7	134
83, 299—302	ZPO 5	67
83, 330—332*	ZPO 6	185
83, 330—332	ErbR 1	373
83, 332—336	ZPO 5	221
83, 336—342	ZPO 5	69

RGZ	Band	Seite
83, 336—342*	SchR 11	6
83, 342—343	SchR 7	364
83, 343—348	SchR 1	114
83, 348—354	ErbR 2	243
83, 354—361	HGes 4	51
83, 367—370	AllgT 1	64
83, 377—384	HGes 1	134
83, 384—389	Wz-WettbR	76
83, 390—393	SaR 3	246
83, 401—407†	SchR 7	365
83, 401—407*	KO	47
83, 414—423*	ZPO 2	39
83, 414—423	HGes 1	138
83, 424—428	Wz-WettbR	78
84, 8—13	ZVG	236
84, 45—49	FamR 1	403
84, 65—68	Pat-GebrmR	140
84, 68—71	KO	488
84, 75—78	HGes 2	63
84, 78—86	SaR 1	73
84, 92—96	SchR 11	6
84, 121—125	KO	47
84, 125—130	SchR 1	118
84, 131—136	SchR 1	123
84, 136—142	HGes 3	74
84, 142—145	Pat-GebrmR	142
84, 146—150	Urh-VerlR	57
84, 200—204	ZVG	290
84, 204—208	ErbR 2	393
84, 208—213	SchR 4	277
84, 228—236	KO	523
84, 237—242	EBR	34
84, 265—284†	ZVG	22
84, 284—285	AllgT 2	1
84, 286—293	SchR 4	75
84, 286—293*	ZPO 5	74
84, 286—293*	ZPO 1	186
84, 294—298	SchR 9	191
84, 306—309	AllgT 4	281
84, 317—320	BGBNebG 3	135
84, 320—325	AllgT 3	304
84, 326—328	BGBNebG 3	49
84, 328—332	HGes 1	140
84, 355—357	HGB 3	55
84, 370—378†	ZPO 2	236
84, 378—382	ZVG	108
84, 382—386	PrVersR 3	109

RGZ	Band	Seite
84, 395—400	ErbR 2	1
84, 400—408	BeamtR	14
84, 409—415	PrVersR 1	131
84, 415—433†	BGBNebG 1	11
84, 434—438	HGes 3	77
85, 1—11	FamR 2	18
85, 30—37	Wz-WettbR	81
85, 38—42	KO	348
85, 58—61	SaR 2	365
85, 64—72	KO	530
85, 72—76	SchR 7	371
85, 81—82	FamR 1	406
85, 95—100	Pat-GebrmR	144
85, 100—103	HGB 2	138
85, 108—120	SchR 1	127
85, 138—144	HGes 4	54
85, 133—138	SchR 6	26
85, 157—163	SchR 6	283
85, 185—189	SchR 7	298
85, 195—197	Bk-WR	404
85, 197—203	Wz-WettbR	83
85, 205—209	HGes 2	64
85, 214—221†	KO	71
85, 221—224	AllgT 2	295
85, 237—242	HGes 2	65
85, 242—244	AllgT 4	160
85, 276—279	BGBNebG 3	228
85, 293—296	SchR 8	237
85, 296—299	SchR 6	30
85, 299—304	Bk-WR	406
85, 306—308	SchR 4	281
85, 311—315	HGes 2	67
85, 316—320	ZVG	72
85, 320—322	SchR 5	15
85, 322—327	AllgT 2	298
85, 351—354	HGes 2	69
85, 355—358	AllgT 1	347
85, 363—365†	SchR 7	374
85, 365—366	SchR 7	137
85, 366—369	HGes 1	142
85, 369—372	SchiffR 1	301
85, 372—374*	SchiffR 2	236
85, 372—374	SchR 1	137
85, 374—380	Pat-GebrmR	147
85, 409—414	SchR 11	10
85, 416—423	FamR 2	275
85, 431—440	SaR 3	250
85, 440—444†	SchR 9	194
86, 15—17	ZPO 4	310
86, 25—28	PrVersR 1	1
86, 28—30	SchR 3	333
86, 30—36	SchR 6	32
86, 45—60	Pat-GebrmR	149
86, 75—79	AllgT 4	161
86, 90—93	HGB 3	56
86, 96—98	AllgT 4	164
86, 102—106	SchR 11	14
86, 107—112	Urh-VerlR	61
86, 114—117	FamR 1	258
86, 123—128	Wz-WettbR	88
86, 135—139	SaR 2	170
86, 139—142	ZPO 2	70
86, 149—152	BGBNebG 1	28
86, 152—154	BGBNebG 2	190
86, 181—184	ZPO 3	81
86, 191—197	AllgT 2	302
86, 206—210	ErbR 2	99
86, 210—215	HGes 2	71
86, 226—229	Pat-GebrmR	155
86, 229—232	ZPO 2	239
86, 235—241	ZPO 3	319
86, 245—246	AllgT 4	165
86, 247—251	KO	391
86, 252—255	Wz-WettbR	89
86, 255—261	ZVG	168
86, 255—261*	SaR 3	206
86, 294—296	ZPO 5	224
86, 296—300	AllgT 2	306
86, 301—305	SchR 8	127
86, 305—310†	AllgT 2	310
86, 315—316	Pat-GebrmR	157
86, 321—322	BGBNebG 1	260
86, 323—326	AllgT 2	313
86, 326—331	AllgT 2	2
86, 340—343	HGes 4	273
86, 343—350	SchR 8	240
86, 350—352	SchR 4	81
86, 357—364	ZVG	112
86, 365—366	ZPONebG	83
86, 366—370	AllgT 4	166
86, 377—384†	ZPO 3	84
86, 392—394	PrVersR 1	181
86, 394—397	KO	536
86, 399—401	SchR 1	139
86, 419—422	HGes 2	73
86, 422—424	AllgT 4	169

RGZ	Band	Seite
86, 436—440	Pat-GebrmR	158
87, 1—4	SchR 9	197
87, 7—10†	ZPO 1	127
87, 10—18	HGB 2	54
87, 18—26	Bk-WR	80
87, 33—35	ErbR 2	102
87, 36—43	SchR 8	246
87, 43—52	AllgT 2	6
87, 52—56	AllgT 4	171
87, 56—63	FamR 1	408
87, 68—72	SchR 4	84
87, 80—82	AllgT 2	316
87, 92—94	AllgT 2	318
87, 129—133	Wz-WettbR	92
87, 137—141	BGBNebG 1	30
87, 147—151	Wz-WettbR	93
87, 151—155	KO	575
87, 155—156	HGes 1	144
87, 164—167	HGes 2	75
87, 179—183	HGes 2	77
87, 183—187	ZPO 6	236
87, 190—196	ZPO 6	296
87, 190—196*	SchR 1	141
87, 227—232	PrVersR 3	112
87, 256—261	SchR 5	17
87, 246—251	HGes 2	81
87, 267—271	ZPO 4	201
87, 271—273	ZPO 2	241
87, 274—276	Wz-WettbR	95
87, 276—277	SchR 1	142
87, 281—284	AllgT 4	174
87, 284—289	BGBNebG 3	52
87, 289—293	SchR 3	252
87, 301—304	SchR 5	325
87, 305—306	SchR 7	139
87, 306—312	HGes 4	56
87, 321—327	ZPO 5	225
87, 329—334	Bk-WR	87
87, 335—338	SchR 5	21
87, 365—368	Bk-WR	411
87, 369—371	Urh-VerlR	65
87, 388—391	SchiffR 2	236
87, 391—402	HGes 4	274
87, 402—407	BGBNebG 1	33
87, 420—424	SchR 4	87
87, 424—425	SaR 1	224
87, 426—427	BGBNebG 3	138
87, 432—434	ErbR 2	248
87, 440—444	HGB 2	61
88, 4—9	SchR 4	90
88, 21—29	SaR 2	368
88, 37—39	SchR 5	24
88, 47—51	HGes 4	60
88, 53—55	HGes 4	277
88, 71—76	SchR 1	143
88, 76—78	SchR 1	146
88, 83—91	BGBNebG 3	57
88, 91—94	Bk-WR	92
88, 103—107	SchR 5	26
88, 116—118	ErbR 2	5
88, 118—121	AllgT 4	283
88, 122—126	SchR 4	283
88, 127—129	HGB 2	18
88, 129—134	ZPO 2	243
88, 134—137	SchR 8	145
88, 137—139	SchR 3	256
88, 147—151	BGBNebG 3	170
88, 160—164	SaR 2	375
88, 165—168	SchR 5	30
88, 171—172	SchR 11	17
88, 183—187	Wz-WettbR	97
88, 187—190	HGes 2	82
88, 191—193	AllgT 1	67
88, 193—198	HGes 4	62
88, 208—211	Pat-GebrmR	160
88, 211—216	AllgT 4	285
88, 216—218	ZPONebG	84
88, 220—223	AllgT 2	320
88, 220—223*	HGes 2	86
88, 223—227†	SchR 7	140
88, 223—227*	ZPONebG	289
88, 238—244	PrVersR 3	117
88, 250—254	BGBNebG 2	261
88, 254—256	SchR 3	108
88, 264—267	ErbR 1	376
88, 278—287	AllgT 2	322
88, 306—313	Wz-WettbR	98
88, 313—316	PrVersR 3	122
88, 319—326	HGes 2	86
88, 326—330	BeamtR	15
88, 330—332	ErbR 2	104
88, 342—345	SchR 1	148
88, 345—351	BGBNebG 3	65
88, 351—361	ZVG	76
88, 361—366	SaR 2	150
88, 370—372	AllgT 2	329

RGZ	Band	Seite
88, 373—377	HGB 2	141
88, 377—381	HGB 2	144
88, 389—395	SchR 1	151
88, 389—395*	HGB 2	147
88, 406—410	SchR 9	200
88, 410—412†	SchR 7	375
88, 412—417	AllgT 2	331
88, 421—425	HGB 1	127
88, 430—432	AllgT 4	27
88, 433—437	SchR 9	203
88, 437—439	Wz-WettbR	100
89, 13—18†	ZPO 3	244
89, 21—29	PrVersR 3	126
89, 34—40	PrVersR 3	132
89, 40—42	PrVersR 3	137
89, 42—46	ZPO 1	208
89, 46—53	PrVersR 3	139
89, 53—61	ErbR 2	174
89, 68—76	PrVersR	145
89, 81—84	Pat-GebrmR	161
89, 97—99	HGB 1	130
89, 104—113	BeamtR	17
89, 117—120	ZPO 3	88
89, 123—125	SchR 3	110
89, 144—147	PrVersR 3	153
89, 147—152	ZVG	293
89, 163—164	AllgT 4	176
89, 176—181	SchR 6	288
89, 193—196	HGes 2	87
89, 196—199	BGBNebG 2	264
89, 277—282	PrVersR 3	156
89, 285—288	SchiffR 1	304
89, 289—292	SaR 3	258
89, 292—294	FamR 2	26
89, 315—324	PrVersR 3	159
89, 330—333	BGBNebG 2	38
89, 333—336	HGes 3	81
89, 336—338	ZPO 4	82
89, 338—342	EBR	38
89, 348—350	SaR 1	351
89, 354—358	HGes 2	90
89, 358—360	Bk-WR	94
89, 360—367†	FamR 2	27
89, 367—384	AllgT 4	29
89, 367—384*	HGes 2	92
89, 396—398	HGes 1	145
89, 401—403	SchR 3	413
89, 403—409	ErbR 2	7
89, 419—421	SchR 3	112
89, 426—433	ZVG	48
89, 426—433*	SaR 2	174
89, 426—433*	SchR 1	156
90, 14—18	HGes 3	83
90, 18—19	SchR 7	143
90, 19—21	SchR 6	292
90, 21—23	HGes 3	85
90, 27—30†	SchR 3	114
90, 42—47	ZPO 4	400
90, 65—69	SchR 9	207
90, 69—73	KO	220
90, 82—86	AllgT 4	177
90, 82—86*	ZPONebG	289
90, 88—91	Wz-WettbR	102
90, 98—102	HGes 2	321
90, 106—110	SchR 9	210
90, 124—128	KO	50
90, 129—135	SchR 7	237
90, 137—140*	SchR 8	252
90, 137—140	Urh-VerlR	66
90, 140—147	PrVersR 3	167
90, 157—160	BGBNebG 1	38
90, 166—168	AllgT 3	307
90, 171—173	SaR 2	379
90, 173—177	AllgT 1	350
90, 177—181*	SchR 7	376
90, 177—181	ZPO 2	247
90, 183—186	Wz-WettbR	103
90, 193—198	ZPO 5	231
90, 198—202	AllgT 2	13
90, 202—206	FamR 2	190
90, 206—211	HGes 1	146
90, 211—218	SchR 8	171
90, 218—223	KO	75
90, 226—228	SchR 9	214
90, 232—238	SaR 3	261
90, 240—247	SchR 5	33
90, 248—250	SchR 4	94
90, 273—280	SchR 4	96
90, 288—290	FamR 2	33
90, 300—302	HGes 3	86
90, 323—324	FamR 1	317
90, 328—332	SchR 6	37
90, 332—335	SchR 5	39
90, 335—342	AllgT 2	335
90, 346—350	KirchRVölkR	84
90, 350—356†	SchR 1	156

RGZ	Band	Seite
90, 366—368	PrVersR 3	173
90, 378—385	PrVersR 1	4
90, 385—400	BeamtR	19
90, 403—408	HGes 4	64
90, 411—412	AllgT 2	340
90, 415—419	SchR 7	376
90, 419—423	ErbR 2	11
90, 436—438	AllgT 2	342
91, 1—5	*AllgT 1*	*353*
91, 6—9	SchR 6	236
91, 12—16	KO	395
91, 21—26	BeamtR	23
91, 30—34	SchR 1	160
91, 40—41	FamR 2	35
91, 42—46	Bk-WR	96
91, 60—68	SchR 9	216
91, 72—80	SchR 9	219
91, 80—83	SchR 9	226
91, 83—86	PrVersR 3	1
91, 99—103	SchR 1	164
91, 110—113	SchR 5	41
91, 134—139†	SchR 1	168
91, 139—142	AllgT 1	69
91, 164—166	SchR 3	116
91, 179—185	ZPO 2	40
91, 188—195	Pat-GebrmR	163
91, 195—204	ZPO 4	204
91, 204—208	SchR 3	117
91, 213—218	SchR 1	170
91, 218—226	SaR 2	380
91, 226—232	SchR 1	175
91, 243—248	SchiffR 2	239
91, 260—263	SchR 1	180
91, 277—280	SchR 4	102
91, 289—291	HGB 3	59
91, 297—303	ZVG	10
91, 305—307	SchR 5	44
91, 312—313	SchR 1	183
91, 313—316	HGes 1	148
91, 316—324	HGes 1	150
91, 335—338	HGes 4	66
91, 341—345	SchR 11	19
91, 345—347	HGB 2	148
91, 350—359†	AllgT 1	276
91, 359—363	AllgT 2	344
91, 365—367	ZPO 4	83
91, 377—381	Bk-WR	99
91, 385—388	SchiffR 2	243
91, 390—398†	SchR 4	104
91, 390—398*	ZPO 2	250
91, 398—403	SchR 9	229
91, 420—423	HGB 3	61
92, 1—8	ErbR 2	396
92, 1—8*	ZPO 2	250
92, 8—14	EBR	42
92, 14—18	SchR 3	120
92, 14—18*	*HGB 2*	*150*
92, 18—22	ZVG	297
92, 27—34	ErbR 2	324
92, 34—37	StaatsR	232
92, 38—40	BGBNebG 1	41
92, 60—64	PrVersR 1	183
92, 77—87	HGes 2	93
92, 87—89	SchR 1	184
92, 105—111	SchR 4	108
92, 114—118	BeamtR	27
92, 121—125	SchR 7	379
92, 121—125*	KO	611
92, 125—128	SchR 9	233
92, 139—142	FamR 1	415
92, 143—153	SchR 4	288
92, 153—158	FamR 1	418
92, 158—160	SchR 7	32
92, 163—168	HGes 3	88
92, 176—178	SchR 3	124
92, 178—180	BeamtR	31
92, 181—194	KO	611
92, 197—201	SchR 7	242
92, 201—203	SchR 7	246
92, 212—219	SchR 3	125
92, 227—229†	KO	223
92, 232—236	AllgT 3	310
92, 247—251	PrVersR 3	175
92, 251—254	PrVersR 3	179
92, 265—268	SaR 3	266
92, 268—271	SchR 3	131
92, 268—271*	HGB 3	63
92, 280—283	SaR 3	269
92, 283—285	SchR 1	186
92, 292—294	HGes 3	92
92, 295—296	SchR 5	46
92, 307—310	BeamtR	32
92, 315—318	HGes 1	153
92, 341—344	ErbR 1	378
92, 345—347	SchR 9	235
92, 359—365	SchR 9	238

RGZ	Band	Seite
92, 369—373	SchR 1	188
92, 376—380*	SchR 1	191
92, 376—380†	ZPO 2	250
92, 380—383	Wz-WettbR	105
92, 392—395	Wz-WettbR	106
92, 398—401	SchR 6	294
92, 401—409†	SchR 9	243
92, 414—417	PrVersR 3	182
92, 430—432	BeamtR	34
93, 10—12	HGes 4	278
93, 13—15	KO	538
93, 19—22	SchR 9	245
93, 23—27	Bk-WR	414
93, 31—33	ZPO 1	187
93, 39—41	SchR 1	191
93, 44—47	HGB 3	63
93, 47—50	SchR 3	133
93, 68—71	SchR 11	22
93, 71—74	AllgT 4	180
93, 74—78	SchR 4	113
93, 80—84	PrVersR 1	11
93, 96—98	SchR 4	296
93, 98—100	SchR 5	47
93, 100—106	SaR 2	30
93, 111—114	SchiffR 1	307
93, 114—121	SaR 3	1
93, 121—124	SaR 3	9
93, 142—144	SchR 1	194
93, 144—147	SchR 6	40
93, 150—151	PrVersR 3	185
93, 158—163	SchR 5	50
93, 163—166	SchiffR 2	245
93, 166—171*	SchR 5	55
93, 166—171†	SchiffR 1	310
93, 171—172	SchiffR 1	315
93, 172—175	Pat-GebrmR	166
93, 175—176	AllgT 2	347
93, 180—182	SchR 3	136
93, 193—196	ErbR 2	402
93, 209—215	PrVersR 1	307
93, 219—222	SchR 2	291
93, 227—230†	SchR 8	252
93, 227—230	HGB 1	132
93, 230—233	SaR 1	353
93, 238—244	HGB 1	18
93, 248—251	SaR 3	12
93, 271—272	SchR 8	252
93, 281—285	SaR 2	36
93, 285—288	SchR 3	139
93, 300—302	SchR 1	195
93, 302—305	SchR 9	249
93, 305—308	BGBNebG 1	262
93, 334—338	AllgT 4	42
93, 338—341	HGes 1	155
94, 1—5	SchR 9	252
94, 11—17	ZPO 4	85
94, 17—20	SchR 3	141
94, 29—30	SchR 7	144
94, 52—55	BeamtR	36
94, 58—61	SchR 1	197
94, 80—82	AllgT 2	348
94, 85—93	SchR 8	1
94, 97—101	HGB 3	245
94, 102—104	BGBNebG 1	43
94, 104—106	PrVersR 3	186
94, 106—109	HGes 3	94
94, 123—126	FamR 1	24
94, 138—140	SchR 6	43
94, 140—144	SchR 1	201
94, 147—153	SchR 1	204
94, 154—157	SaR 3	16
94, 157—159	SchR 6	238
94, 162—164	AllgT 4	182
94, 164—166	ZPO 3	90
94, 166—169	SchR 7	34
94, 166—169*	HGB 2	64
94, 172—178	BGBNebG 3	119
94, 178—181	AllgT 4	184
94, 191—195	SchR 1	210
94, 203—208	SchR 3	144
94, 210—213†	ZPO 6	239
94, 213—215	HGes 2	97
94, 220—222	SchR 9	256
94, 234—236	SchR 6	45
94, 248—253	Pat-GebrmR	167
94, 253—255	SchR 8	253
94, 262—267	ErbR 2	406
94, 268—271	PrVersR 3	188
94, 279—282	SchR 6	47
94, 285—288	SchR 5	55
94, 305—308	KO	225
94, 309—312	SchR 4	16
94, 314—318†	SchR 2	295
94, 318—321	AllgT 1	357
94, 322—326	SchR 5	329
94, 326—327	SchR 3	149

RGZ	Band	Seite
94, 327—333	SchR 5	58
94, 333—336	AllgT 2	350
94, 341—342	SaR 1	17
94, 341—342*	ZPO 5	235
95, 2—5	SchR 7	145
95, 9—12	SchR 8	9
95, 16—18	SchR 1	214
95, 18—20	SchR 8	130
95, 32—33	HGes 3	97
95, 45—48	SchR 5	63
95, 48—51	HGB 2	150
95, 51—54	AllgT 3	313
95, 61—64	SchR 9	258
95, 70—72†	ZPO 4	272
95, 72—79	HGes 4	279
95, 83—85	AllgT 2	352
95, 103—105	BeamtR	38
95, 105—108	SchR 5	67
95, 112—116	AllgT 2	354
95, 116—121	SchR 3	415
95, 122—124	HGB 3	290
95, 126—131	SchR 8	256
95, 134—137	HGB 2	64
95, 144—147	BeamtR	40
95, 147—152	SchR 6	297
95, 160—164	SchR 1	217
95, 164—166	AllgT 1	72
95, 168—170	BeamtR	43
95, 173—175	SchR 9	261
95, 175—176	SchR 6	51
95, 180—185†	BGBNebG 2	41
95, 185—188	BGBNebG 1	45
95, 188—192	AllgT 4	46
95, 199—204	SchR 3	346
95, 204—207	BGBNebG 2	45
95, 207—209	PrVersR 1	187
95, 209—212	Wz-WettbR	107
95, 212—214	SchiffR 2	248
95, 220—224	Pat-GebrmR	169
95, 224—226	KO	228
95, 226—229	PrVersR 3	191
95, 231—235	ZPO 5	235
95, 235—238	ZPO 5	239
95, 238—241	SchR 9	262
95, 241—242	Bk-WR	573
95, 242—244	HGB 2	153
95, 244—246	SchR 4	117
95, 246—248	SchiffR 1	316
95, 249—250	SchR 1	221
95, 250—255	PrVersR 2	257
95, 255—260	Bk-WR	103
95, 268—273	ZPO 1	116
95, 268—273*	AllgT 1	282
95, 273—278	PrVersR 3	194
95, 278—280	ErbR 2	106
95, 283—285	SchR 9	265
95, 295—299	BeamtR	45
95, 302—304	SchR 6	53
95, 304—307	Pat-GebrmR	171
95, 307—310	SchR 5	70
95, 325—329	ErbR 2	15
95, 330—334	FamR 1	318
95, 337—339	ZPO 1	211
96, 4—8	HGB 3	198
96, 13—15	HGB 3	66
96, 20—26	SchR 1	222
96, 31—43	KirchRVölkR	87
96, 48—53	ZPO 4	212
96, 57—62	SchR 2	298
96, 68—70	BGBNebG 1	48
96, 70—72	FamR 2	93
96, 72—73	HGB 3	68
96, 83—89	BeamtR	48
96, 113—117	HGes 4	283
96, 119—121	SchR 1	229
96, 126—130	SchR 1	231
96, 133—135	SchR 8	12
96, 136—143*	Bk-WR	419
96, 136—143†	SchR 4	299
96, 143—148	FamR 2	281
96, 156—158	AllgT 2	358
96, 158—160	SchR 1	234
96, 161—164	AllgT 3	315
96, 164—169*	SchR 11	25
96, 164—169	SchiffR 1	318
96, 169—171	SchR 5	73
96, 171—175	SchR 3	150
96, 175—177	HGB 3	69
96, 177—181	ZPO 1	212
96, 181—184	BGBNebG 3	175
96, 190—195	Bk-WR	574
96, 195—197	HGB 1	135
96, 224—227	SchR 9	267
96, 242—246	Wz-WettbR	110
96, 255—258	SchR 3	154
96, 258—260	SchR 5	74

RGZ	Band	Seite
96, 260—262	AllgT 3	318
96, 266—268	SchR 7	147
96, 273—277	AllgT 3	320
96, 292—296	KO	79
96, 298—300	Wz-WettbR	114
96, 302—305	BeamtR	49
96, 316—322	SchiffR 1	323
96, 322—326	ZPO 2	73
96, 335—341	ZPONebG	86
97, 2—4	AllgT 2	360
97, 4—6	SchR 7	37
97, 13—16	SchiffR 1	329
97, 30—34	ZPO 3	92
97, 43—44	BeamtR	52
97, 44—49	PrVersR 1	188
97, 61—66	ZVG	332
97, 66—67	AllgT 4	186
97, 76—79	PrVersR 1	136
97, 79—82	SchR 6	55
97, 90—96	Wz-WettbR	117
97, 122—125	KirchRVölkR	97
97, 127—131†	ZPO 1	294
97, 138—140	AllgT 2	362
97, 144—148	Bk-WR	108
97, 162—165	ZPO 4	274
97, 166—170	SchR 6	57
97, 170—173	KirchRVölkR	101
97, 175—177	FamR 2	162
97, 177—179	BGBNebG 1	265
97, 189—191	PrVersR 2	262
97, 191—196	AllgT 3	325
97, 191—196*	HGB 2	154
97, 206—210	PrVersR 1	313
97, 212—214	ZPO 4	90
97, 215—217	ZPO 3	324
97, 215—219*	HGB 2	154
97, 219—223	SchR 2	303
97, 223—229	SaR 3	19
97, 229—232*	HGB 2	20
97, 229—232	SchR 9	270
97, 253—257	AllgT 2	364
97, 269—273	SchR 5	77
97, 273—276	AllgT 2	368
97, 276—279	FamR 1	260
97, 279—282	PrVersR 1	194
97, 286—290	FamR 1	322
97, 295—300*	ZPO 1	189
97, 295—300	ErbR 2	327

RGZ	Band	Seite
97, 302—307	Wz-WettbR	118
97, 307—310	HGes 4	67
97, 318—323	PrVersR 3	199
97, 325—329	SchR 1	236
97, 329—332	SchR 2	308
97, 332—336†	SchR 1	240
97, 336—340	SchR 1	244
97, 340—343	FamR 1	95
97, 343—347	SchR 9	273
98, 13—15	FamR 1	4
98, 15—18	SaR 1	225
98, 25—28	ErbR 2	182
98, 44—52	SchR 5	81
98, 64—66	SchR 8	260
98, 69—70	HGB 3	72
98, 70—74	SaR 3	271
98, 74—78	SchR 9	277
98, 78—79	AllgT 2	370
98, 79—85	HGes 4	285
98, 85—88	ZPO 1	22
98, 88—90†	SchR 6	62
98, 95—98	EBR	47
98, 103—106	Bk-WR	419
98, 106—112†	ZPO 5	306
98, 112—115	HGes 1	156
98, 115—118	SchiffR 1	333
98, 122—124*	HGB 2	155
98, 122—124	AllgT 2	371
98, 124—131	SchR 5	333
98, 131—136	SaR 1	18
98, 136—139	KO	82
98, 143—150	KO	289
98, 164—168	SchiffR 1	336
98, 168—171	PrVersR 3	204
98, 171—173	SchiffR 1	340
98, 173—175	ErbR 2	250
98, 176—179	AllgT 2	374
98, 186—190	SchiffR 1	343
98, 200—203	SchR 4	120
98, 210—213	SchR 3	258
98, 213—215	HGB 3	73
98, 215—220	AllgT 1	234
98, 222—224	ZPO 3	97
98, 225—231	Wz-WettbR	121
98, 231—233	SchR 5	88
98, 241—244	ZPO 2	44
98, 263—267	FamR 2	286
98, 267—271	Wz-WettbR	124

RGZ	Band	Seite
98, 273—276	ZVG	118
98, 276—279	HGes 2	98
98, 279—284	SchR 3	261
98, 298—302	SchR 6	302
98, 302—309	ZPO 3	99
98, 302—309*	HGes 2	101
98, 318—323	HGes 2	101
98, 328—330	ZPO 5	74
98, 330—334	SchR 2	311
98, 335—339	SchiffR 1	348
98, 345—347	SchR 6	64
99, 1—2	SchR 1	247
99, 7—9	Bk-WR	422
99, 12—17	VerwR	86
99, 20—23	AllgT 2	377
99, 35—37	SchR 7	38
99, 37—39	HGB 3	75
99, 52—56	AllgT 2	380
99, 65—70	SaR 1	312
99, 70—72	SchR 7	302
99, 72—75	FamR 2	291
99, 75—78	Bk-WR	580
99, 87—90	Wz-WettbR	126
99, 96—103	SchR 1	249
99, 105—107	SchR 2	315
99, 107—112	AllgT 2	384
99, 121—122	SchR 5	90
99, 125—128	ZPO 2	252
99, 136—140	HGes 4	69
99, 140—142	ZPO 2	256
99, 142—145	SchR 4	122
99, 147—152	AllgT 2	388
99, 152—154	FamR 1	326
99, 161—168†	SchR 8	263
99, 172—187†	ZPO 2	258
99, 189—193	Wz-WettbR	127
99, 199—202	ZVG	301
99, 202—207	ZPO 5	312
99, 211—213	Pat-GebrmR	173
99, 214—215	AllgT 2	390
99, 230—232	SchR 6	65
99, 245—247	EBR	51
99, 247—250	HGB 3	77
99, 250—254	EBR	54
99, 270—272	ZPO 2	47
99, 272—274	ZPO 2	76
99, 280—283	PrVersR 1	197
100, 1—3	AllgT 1	361
100, 3—10	Wz-WettbR	131
100, 18—22	AllgT 4	187
100, 22—25	Wz-WettbR	134
100, 25—28	StaatsR	1
100, 31—35	Bk-WR	584
100, 35—38	Pat-GebrmR	174
100, 42—45	SchR 1	256
100, 45—46	HGB 1	138
100, 46—48	SchR 7	149
100, 48—50	HGB 1	304
100, 50—55	EBR	58
100, 55—60	Bk-WR	587
100, 69—75	SaR 2	41
100, 87—90	ZPONebG	92
100, 98—101	ZPO 5	76
100, 102—103	SchR 11	25
100, 106—110	FamR 1	99
100, 110—112	EBR	64
100, 112—114	SchR 1	259
100, 118—123	AllgT 4	191
100, 123—126	ZPO 2	261
100, 128—129	SchR 11	27
100, 129—134	SchR 1	261
100, 134—138†	AllgT 3	329
100, 138—142	Bk-WR	592
100, 147—149	AllgT 3	330
100, 162—165	EBR	66
100, 167—171	Bk-WR	424
100, 175—178*	HGes 2	106
100, 175—178	SchR 9	282
100, 182—187	Wz-WettbR	136
100, 188—190†	SchR 11	29
100, 197—199	SchR 3	157
100, 200—204	HGes 2	106
100, 205—208	AllgT 2	392
100, 208—210	ZPO 3	328
100, 213—215	VerwB	381
100, 216—218	PrVersR 3	207
100, 222—224	PrVersR 1	15
100, 227—230	Bk-WR	428
100, 250—255	Wz-WettbR	138
100, 264—266	Wz-WettbR	142
100, 271—274	KirchRVölkR	104
100, 279—284†	AllgT 4	196
100, 279—284*	ZPO 2	265
101, 1—3	SchR 9	284
101, 5—10	SaR 2	174
101, 10—18	KirchRVölkR	107

RGZ	Band	Seite
101, 18—19*	HGB 3	80
101, 18—19	SchR 5	92
101, 25—30	Wz-WettbR	143
101, 36—40	Pat-GebrmR	177
101, 47—51	SaR 3	275
101, 55—64	HGes 2	107
101, 90—94	HGB 3	81
101, 90—94*	SchR 3	160
101, 90—94*	SchR 5	93
101, 94—97	BGBNebG 1	268
101, 97—99	AllgT 2	395
101, 107—108	AllgT 2	396
101, 108—111	Wz-WettbR	145
101, 117—122	ZVG	240
101, 135—141	Pat-GebrmR	178
101, 152—155	HGB 3	251
101, 155—157	SchR 11	31
101, 157—160	SchR 1	265
101, 169—173	AllgT 1	282
101, 185—192	ErbR 2	185
101, 197—199	ZPO 2	265
101, 199—206	HGes 1	158
101, 209—212	HGB 2	77
101, 213—217	PrVersR 1	317
101, 217—220	SchR 1	268
101, 224—226	PrVersR 1	17
101, 226—231	Wz-WettbR	148
101, 235—238	PatGebrmR	179
101, 240—242	SchR 1	271
101, 242—246	HGes 3	98
101, 248—250	SchR 1	274
101, 273—275	SchiffR 1	352
101, 275—279	SchR 3	265
101, 279	HGes 1	166
101, 297—302	HGB 2	155
101, 304—307	SchR 3	269
101, 307—312	SaR 2	48
101, 320—322	SchR 5	93
101, 332—335	SchR 2	317
101, 335—342	SchR 9	286
101, 342—344	AllgT 4	96
101, 342—344*	HGB 1	306
101, 344—348	Wz-WettbR	151
101, 348—350*	HGB 3	286
101, 348—350	SchR 7	304
101, 361—365	Bk-WR	113
101, 375—379	HGB 2	20
101, 380—381	HGB 3	202
101, 383—385	HGes 1	166
101, 389—391	SchR 1	276
101, 392—397	ZPO 6	242
101, 399—402	AllgT 2	398
101, 407—412	Wz-WettbR	154
101, 413—418	HGB 3	204
101, 413—418*	SchR 5	95
101, 429—432	SchR 3	160
102, 1—6	StaatsR	268
102, 9—15	StaatsR	304
102, 15—16	HGB 3	209
102, 24—26	AllgT 4	50
102, 26—30	BGBNebG 3	70
102, 38—44	SchR 9	293
102, 45—47	SchiffR 2	250
102, 47—51	SchiffR 2	253
102, 51—54	SchR 8	14
102, 54—57	Wz-WettbR	158
102, 63—65	AllgT 2	400
102, 63—65*	HGes 2	110
102, 65—69†	SchR 3	272
102, 69—70	ErbR 2	109
102, 70—77	BGBNebG 2	49
102, 77—82*	SchR 9	299
102, 77—82	ZPO 6	27
102, 82—87	ZPO 4	312
102, 89—90	Wz-WettbR	159
102, 91—92	HGB 3	85
102, 92—95	EBR	69
102, 96—98	EBR	72
102, 110—111	SchR 7	40
102, 111—114	PrVersR 1	289
102, 127—130	SchR 3	276
102, 134—143	Urh-VerlR	68
102, 155—158	SchR 8	147
102, 166—174	SchR 11	33
102, 174—176	ZPO 3	106
102, 177—181	ZPO 2	267
102, 197—201*	HGes 2	110
102, 197—201	ZPO 6	149
102, 206—208	EBR	75
102, 215—217	PrVersR 1	322
102, 223—225†	SchR 9	299
102, 225—226	AllgT 2	402
102, 227—230	AllgT 3	332
102, 231—235	SchR 6	68
102, 235—237	SchR 1	279
102, 243—246	HGB 1	139
102, 251—254	KirchRVölkR	288
102, 257—262	EBR	77

RGZ	Band	Seite
102, 295—297	HGB 3	86
102, 301—304	HGes 3	100
102, 304—307	KirchRVölkR	291
102, 307—310	SchR 5	95
102, 314—316	SchR 3	350
102, 316—321	HGes 4	290
102, 324—328	BGBNebG 2	55
102, 328—332*	Bk-WR	596
102, 328—332	ZPO 3	108
102, 344—347	SchR 3	386
102, 350—354	PrVersR 1	200
102, 355—358	Wz-WettbR	161
102, 358—363	ZPO 4	365
102, 370—372	AllgT 3	335
102, 372—375	SchR 9	301
102, 375—377	HGes 3	102
102, 383—384	SchR 1	281
102, 385—388	HGes 1	168
102, 388—390	HGB 3	89
102, 390—391	StaatsR	198
102, 396—398	AllgT 2	403
102, 398—403	SchR 6	72
102, 408—410	SchR 3	352
103, 6—9	HGes 1	171
103, 9—11	SchR 7	306
103, 11—13	AllgT 3	338
103, 13—15	SchR 3	163
103, 21—23	ErbR 1	381
103, 23—27†	BGBNebG 2	191
103, 30—33	HGB 3	293
103, 33—35	SchR 1	282
103, 40—42	SchR 1	284
103, 43—44	PrVersR 1	324
103, 44—47	Bk-WR	597
103, 47—52	SchR 1	286
103, 64—68	HGes 2	110
103, 68—71	HGB 2	80
103, 77—82	HGB 3	91
103, 77—82*	SchR 5	99
103, 84—87	SchR 1	292
103, 87—91	Bk-WR	599
103, 91—94	KirchRVölkR	115
103, 95—98	AllgT 3	339
103, 99	SchR 3	335
103, 100—102	SaR 1	358
103, 104—108	StaatsR	273
103, 113—124	ZPONebG	94
103, 126—128	FamR 1	422
103, 129—131	HGB 3	96
103, 137—140	SaR 3	25
103, 144—146†	SchR 6	77
103, 146—151	EBR	83
103, 151—154	HGB 3	286
103, 154—161	SchR 2	320
103, 166—168	SchR 6	80
103, 174—177	SaR 2	54
103, 184—187	EBR	88
103, 187—190	StaatsR	4
103, 214—216	SchiffR 1	354
103, 216—219	BGBNebG 2	59
103, 221—231	HGes 4	292
103, 257—259	SchiffR 1	356
103, 263—265	SchR 7	309
103, 265—268	AllgT 1	363
103, 268—270	SchR 3	280
103, 274—280	KirchRVölkR	294
103, 280—284	SchiffR 1	360
103, 285—286	SchR 3	419
103, 286—289	SchR 6	371
103, 289—291	SchR 6	82
103, 291—292	BeamtR	53
103, 292—293	SchR 1	294
103, 295—303	SchR 2	327
103, 312—314	FamR 1	26
103, 319—322	Urh-VerlR	75
103, 334—340	ZPO 2	132
103, 340—346	ZPONebG	329
103, 349—351	SchR 6	83
103, 354—359	ErbR 2	192
103, 359—367	Wz-WettbR	165
103, 367—372	HGes 1	174
103, 376—381	HGB 3	98
103, 381—384	SchR 6	86
103, 399—401	AllgT 2	58
103, 406—409	SchR 1	295
103, 417—419*	AllgT 4	52
103, 417—419	HGes 2	111
103, 419—423	SchR 9	304
103, 431—432	ZPO 1	121
104, 6—15	EBR	91
104, 15—17	SchR 7	151
104, 18—20	StaatsR	235
104, 20—23	PrVersR 1	325
104, 23—25	BeamtR	54
104, 26—27	SchR 6	89
104, 27—29	SchR 3	165

RGZ	Band	Seite
104, 34—37†	ZPO 4	278
104, 37—39	Bk-WR	604
104, 39—42	SchR 3	168
104, 45—47	SchR 7	311
104, 47—50	EBR	100
104, 50—55†	AllgT 2	405
104, 58—66	BeamtR	57
104, 68—75	SaR 3	28
104, 81—86†	SaR 1	228
104, 88—93	Wz-WettbR	169
104, 93—95†	SchR 7	154
104, 95—97	HGB 3	103
104, 97—98	EBR	103
104, 102—105	SaR 1	81
104, 119—121	Bk-WR	116
104, 122—124	AllgT 2	407
104, 128—131	HGes 2	113
104, 131—133	SchR 6	90
104, 141—147	SchR 11	40
104, 150—153	EBR	105
104, 155—159	ZPO 4	317
104, 186—189	SchR 6	374
104, 209—212	SchiffR 2	256
104, 227—228	Pat-GebrmR	180
104, 228—230	ZPO 3	112
104, 235—236	AllgT 3	343
104, 236—238	SchR 2	336
104, 242—244	StaatsR	235
104, 251—253	BeamtR	64
104, 257—265	StaatsR	8
104, 265—269	AllgT 3	344
104, 272—275	SchR 6	240
104, 275—278	SchR 5	99
104, 278—281	BeamtR	65
104, 283—286	HGB 3	105
104, 300—302	SaR 3	279
104, 312—316	Wz-WettbR	173
104, 335—338	FamR 1	30
104, 338—341	KirchRVölkR	119
104, 341—344	HGB 1	142
104, 344—346	EBR	107
104, 349—352	HGes 1	176
104, 368—369	ZPO 3	330
104, 373—376	SchR 3	170
104, 376—382	Wz-WettbR	175
104, 382—385	HGB 3	108
104, 413—415	HGes 2	114
104, 415—417	EBR	110
105, 1—4	KirchRVölkR	123
105, 8—16*	AllgT 3	48
105, 8—16	ZPO 2	78
105, 19—24	FamR 2	37
105, 29—32	SchR 8	269
105, 32—35	SchR 8	150
105, 35—38	StaatsR	22
105, 48—53	SchR 8	153
105, 65—67	AllgT 2	409
105, 70—71	EBR	112
105, 80—83	SchR 1	298
105, 101—106	HGes 2	115
105, 125—128	HGB 3	10
105, 125—128*	SchR 3	173
105, 137—138	SchR 2	38
105, 141—143	Bk-WR	431
105, 143—147	Bk-WR	434
105, 152—156	HGes 2	116
105, 160—164	Urh-VerlR	78
105, 164—167	FamR 2	193
105, 167—169	SchR 3	174
105, 183—186	AllgT 4	52
105, 196—198	BeamtR	68
105, 198—200	SchiffR 2	260
105, 202—205	SchR 7	14
105, 205—206	HGB 2	83
105, 213—219	SchR 6	92
105, 228—230	HGes 2	18
105, 233—236	HGB 2	59
105, 236—242	HGes 1	77
105, 246—251	ErbR 2	52
105, 255—259	AllgT 3	48
105, 264—266	SchR 1	01
150, 266—270†	SchR 3	90
105, 270—273	SchR 8	72
105, 280—283	SchR 1	03
105, 283—285	EBR	13
105, 285—287	SchR 1	06
105, 289—293	AllgT 4	55
105, 289—293*	HGes 1	81
105, 293—295	SchR 1	09
105, 302—305	HGB 3	54
105, 310—312	ZPO 4	93
105, 312—313	EBR	16
105, 336—338†	SchR 9	08
105, 340—343	AllgT 1	74
105, 343—347	EBR	17
105, 347—349	EBR	21

RGZ	Band	Seite
105, 349—351	SchR 5	103
105, 351—356	ZPO 3	331
105, 356—359	PrVersR 1	205
105, 368—373	SchR 3	354
105, 387—388	SchR 3	176
105, 389—390	HGB 2	162
105, 392—395	SchR 7	248
105, 401—406	ZPO 1	146
105, 406—408	AllgT 2	412
105, 408—410	SaR 3	282
105, 410—413	SchR 2	339
105, 413—416	SaR 1	23
105, 416—417	SchR 7	41
105, 417—420	AllgT 3	352
105, 422—429†	ZPO 2	271
106, 1—4	SchR 3	282
106, 4—7	SaR 1	360
106, 14—16	StaatsR	288
106, 16—17	SchR 1	311
106, 22—26	SchR 3	177
106, 26—32	SchR 8	158
106, 44—46	SchR 8	274
106, 46—49	ErbR 1	383
106, 49—52	AllgT 2	16
106, 57—58	ZPO 3	246
106, 68—74	AllgT 4	58
106, 82—86	AllgT 1	77
106, 89—91	SchR 3	182
106, 93—99	SchR 6	243
106, 101—104	EBR	124
106, 109—114	SaR 2	180
106, 128—132	SchR 6	306
106, 133—134	SchR 6	99
106, 135—136	SaR 1	27
106, 142—147	StaatsR	277
106, 185—187	FamR 2	293
106, 194—198	EBR	127
106, 200—205	AllgT 2	414
106, 205—207	ZPO 5	242
106, 212—214	HGB 1	9
106, 233—236	ZPO 3	114
106, 237—238	Pat-GebrmR	182
106, 242—247	FamR 2	42
106, 258—264	HGes 1	181
106, 268—270	HGB 1	307
106, 270—272	SchR 6	101
106, 283—287	SchR 9	310
106, 287—289	BGBNebG 3	140
106, 293—294	SchR 7	43
106, 294—300	SchR 5	104
106, 309—311	HGB 3	111
106, 311—312	SchR 8	17
106, 330—334	AllgT 3	1
106, 337—340	SchiffR 2	236
106, 359—362	HGB 3	113
106, 369—372	EBR	131
106, 372—373	FamR 2	131
106, 381—383	FamR 1	424
106, 403—406	HGes 4	71
106, 419—421	HGB 3	257
107, 15—19	SchR 1	312
107, 26—28	EBR	135
107, 28—31	ZPO 4	405
107, 31—34	HGes 2	119
107, 34—36	Bk-WR	438
107, 39—41	AllgT 3	4
107, 44—50	KirchRVölkR	300
107, 56—59	ZPO 1	216
107, 61—62	ZPONebG	244
107, 62—67	Urh-VerlR	80
107, 100—103	Pat-GebrmR	183
107, 110—111	SchR 1	320
107, 121—123	KirchRVölkR	305
107, 132—136	SchR 4	125
107, 142—144	ZPO 1	332
107, 156—160†	SchR 1	321
107, 171—173	HGes 3	103
107, 173—175	KirchRVölkR	308
107, 175—180	FamR 2	196
107, 189—192	BeamtR	69
107, 192—194	ErbR 2	110
107, 198—202	PrVersR 1	208
107, 202—207	AllgT 3	6
107, 208—212	AllgT 3	11
107, 229—233	SchiffR 1	364
107, 233—236	SchR 1	324
107, 240—244	SchR 1	327
107, 251—255	Pat-GebrmR	185
107, 258—261	SaR 1	28
107, 272—275	EBR	138
107, 277—282	Urh-VerlR	84
107, 305—308	SchiffR 1	368
107, 308—312	ZPO 3	118
107, 315—326	StaatsR	57
107, 330—331	ZPO 3	121
107, 334—337	HGes 4	294

RGZ	Band	Seite
107, 337—339	SchR 9	314
107, 339—345	SchR 7	155
107, 345—350	SchR 3	184
107, 352—357†	ZPO 2	274
107, 357—365	SchR 2	342
107, 365—369	KirchRVölkR	129
107, 370—377	StaatsR	67
107, 382—386	KirchRVölkR	310
107, 386—390	*AllgT 1*	*366*
108, 1—8	Wz-WettbR	177
108, 8—15	Wz-WettbR	184
108, 16—20	KirchRVölkR	132
108, 25—28	HGB 3	116
108, 41—44	HGes 1	185
108, 44—48	Urh-VerlR	89
108, 48—50	HGB 1	308
108, 50—58†	EBR	140
108, 58—60*	ZPONebG	245
108, 58—60	SchR 9	317
108, 60—62	SchR 2	350
108, 62—66	Urh-VerlR	92
108, 70—72	SaR 2	147
108, 78—83	Bk-WR	440
108, 86—90	SchR 9	319
108, 102—105	AllgT 3	14
108, 105—110	SchR 8	276
108, 110—112	PrVersR 1	328
108, 117—119	BeamtR	73
108, 122—125	SaR 1	364
108, 125—129	AllgT 4	64
108, 129—132	Wz-WettbR	186
108, 132—135	SchR 6	103
108, 135—137	ZPO 2	276
108, 139—144†	ZPO 6	247
108, 158—160	HGB 3	119
108, 160—163	AllgT 1	370
108, 184—188	SchR 3	188
108, 188—191	PrVersR 1	19
108, 191—194	HGB 3	213
108, 221—225	SchR 1	330
108, 230—233	AllgT 1	285
108, 241—244	AllgT 1	80
108, 253—257	StaatsR	77
108, 259—260	SaR 1	367
108, 260—263	SaR 2	57
108, 269—272	SaR 1	368
108, 272—276	Wz-WettbR	188
108, 276—279	EBR	145
108, 279—281	SchR 5	110
108, 281—286	FamR 2	44
108, 289—291	ErbR 2	257
108, 304—307	SchiffR 1	371
108, 307—310	ZPO 4	407
108, 314—316	BeamtR	75
108, 316—318	SchR 5	112
108, 322—329	HGes 1	185
108, 329—336	SaR 1	318
108, 337—341	Bk-WR	446
108, 341—344	EBR	148
108, 345—347	BeamtR	77
108, 350—356	ZPO 2	277
108, 369—371	SchR 6	105
108, 389—391	Bk-WR	450
108, 391—395	StaatsR	244
108, 397—404	ErbR 2	332
108, 405—408	AllgT 4	68
108, 408—410	EBR	152
108, 410—413	SchR 8	133
108, 419—422	SchR 1	334
108, 422—425	ErbR 2	19
109, 16—22	EBR	154
109, 22—28	SchR 2	352
109, 47—50	ZPO 2	137
109, 50—54	Wz-WettbR	192
109, 54—56	SchR 3	192
109, 73—77	Wz-WettbR	194
109, 104—107	SaR 2	60
109, 107—110	SaR 1	233
109, 128—132	SchR 6	107
109, 134—137	HGB 3	121
109, 137—144	FamR 1	329
109, 150—152	EBR	160
109, 164—165	EBR	163
109, 184—188	SchR 3	193
109, 201—205†	SaR 1	372
109, 213—215	AllgT 1	288
109, 215—216	ZPO 3	336
109, 220—222	BeamtR	79
109, 226—230	Wz-WettbR	196
109, 234—238	SchR 1	337
109, 243—254	FamR 2	219
109, 254—258	HGB 2	67
109, 261—263	AllgT 3	355
109, 265—268	ZPO 2	49
109, 288—293*	HGB 3	259
109, 288—293	ZPO 3	123

RGZ	Band	Seite
109, 295—299	SchR 5	114
109, 306—310	EBR	164
190, 310—323	StaatsR	81
109, 324—331	Bk-WR	120
109, 331—334	AllgT 4	71
109, 334—337	SchR 2	357
109, 351—354	SchR 2	359
109, 355—357	HGB 2	24
109, 357—363	KirchRVölkR	313
109, 363—368	PrVersR 3	210
109, 368—375†	BGBNebG 3	178
110, 34—37	AllgT 3	17
110, 43—45	EBR	167
110, 45—47	FamR 1	103
110, 56—59	ZPO 2	283
110, 59—64	HGB 3	259
110, 119—124*	SchR 5	117
110, 119—124	HGB 3	216
110, 135—139	ZPO 4	320
110, 145—147	AllgT 1	373
110, 152—155	PrVersR 3	215
110, 155—160	HGB 3	124
110, 166—169	ErbR 2	339
110, 173—176	FamR 2	164
110, 176—179	Wz-WettbR	199
110, 181—184	Pat-GebrmR	186
110, 194—199	HGes 1	188
110, 199—203	EBR	169
110, 203—209	BGBNebG 3	75
110, 209—214	EBR	172
110, 214—218	AllgT 4	73
110, 224—228	SchiffR 1	374
110, 234—239	Wz-WettbR	201
110, 241—246	SchR 2	362
110, 268—270	HGB 3	220
110, 268—270*	SchR 3	421
110, 270—275	ErbR 2	21
110, 275—286	Urh-VerlR	95
110, 286—293	StaatsR	18
110, 293—295	StaatsR	261
110, 297—301	SchR 7	44
110, 311—315	BGBNebG 3	231
110, 319—322	SchR 2	367
110, 324—327	EBR	177
110, 339—344	Wz-WettbR	204
110, 349—353	SchiffR 1	378
110, 354—356	ZPO 5	79
110, 356—366	StaatsR	286
110, 382—385	AllgT 3	19
110, 391—393	AllgT 3	21
110, 393—398	Urh-VerlR	101
110, 404—409	SchR 7	161
110, 418—422	HGes 3	105
110, 422—427	HGB 1	145
111, 5—8	FamR 1	33
111, 22—23	SchR 7	48
111, 23—25	SchR 5	117
111, 37—40	SchiffR 1	382
111, 40—45	KirchRVölkR	315
111, 46—48	SchR 4	129
111, 72—76	EBR	180
111, 98—102	SchR 2	370
111, 115—123	KirchRVölkR	320
111, 134—146	KirchRVölkR	135
111, 149—151	KirchRVölkR	326
111, 151—156	SchR 8	282
111, 166—178†	BGBNebG 2	193
111, 185—192	FamR 2	49
111, 192—199	Wz-WettbR	205
111, 199—204†	BGBNebG 2	194
111, 204—211	KirchRVölkR	328
111, 211—223	KirchRVölkR	140
111, 227—232	HGes 4	73
111, 233—236	AllgT 3	23
111, 239—247†	SchR 2	374
111, 254—257	Wz-WettbR	209
111, 257—261	AllgT 3	26
111, 261—266	ErbR 2	342
111, 266—273	Bk-WR	606
111, 280—285†	Bk-WR	612
111, 286—287	FamR 2	167
111, 298—305	SchR 8	286
111, 320—335	StaatsR	69
111, 335—337	EBR	183
111, 341—342	ZPONebG	245
111, 350—354	Pat-GebrmR	188
111, 358—361	BeamtR	80
111, 370—372	AllgT 4	289
111, 375—380†	SchR 11	46
112, 1—2	ZPO 2	51
112, 2—8	Urh-VerlR	105
112, 8—14	StaatsR	52
112, 19—27	HGes 1	189
112, 34—38	SchR 7	49
112, 58—60	SchR 7	317
112, 61—63	ZPO 5	81

RGZ	Band	Seite
112, 88—95	EBR	186
112, 95—102	StaatsR	13
112, 102—104	SchR 6	310
112, 109—117	HGes 1	193
112, 117—119	Wz-WettbR	211
112, 119—124	PrVersR 1	22
112, 124—126	Bk-WR	453
112, 133—137	SchiffR 1	385
112, 137—140	Bk-WR	614
112, 160—164	Wz-WettbR	213
112, 164—169	ZPO 1	189
112, 173—189*	AllgT 3	29
112, 173—189	Urh-VerlR	108
112, 189—194	StaatsR	89
112, 202—205	Bk-WR	454
112, 210—215	SchR 5	339
112, 226—229	AllgT 3	29
112, 229—233	EBR	192
112, 233—236	StaatsR	280
112, 236—242	HGes 2	120
112, 273—280	HGes 2	123
112, 280—284	HGes 3	107
112, 284—290	EBR	196
112, 290—297	SchR 1	341
112, 297—301†	KO	578
112, 310—312	PrVersR 3	218
112, 341—345	EBR	201
112, 352—354	Wz-WettbR	215
112, 355—361	SchiffR 2	1
112, 361—368	Pat-GebrmR	190
112, 368—371	SaR 2	185
112, 371—373	PrVersR 1	331
112, 384—388	PrVersR 1	292
113, 33—38†	BGBNebG 2	198
113, 45—50	ErbR 2	411
113, 63—65	ZPONebG	401
113, 65—69	SchiffR 2	7
113, 70—78	Urh-VerlR	120
113, 87—92†	BGBNebG 2	202
113, 107—115	StaatsR	290
113, 115—124	Pat-GebrmR	196
113, 143—147	BeamtR	83
113, 150—152	PrVersR 1	27
113, 159—162	BGBNebG 2	233
113, 166—169	ZPO 4	95
113, 188—197	HGes 1	199
113, 197—201	BGBNebG 2	207
113, 223—234	BGBNebG 3	80

RGZ	Band	Seite
113, 234—240	ErbR 2	416
113, 241—246	HGes 2	127
113, 250—255	EBR	205
113, 261—264†	HGB 2	70
113, 264—271†	ZPONebG	334
113, 274—278	EBR	209
113, 278—281	PrVersR 2	321
113, 286—293	PrVersR 1	332
113, 293—298	SchR 9	323
113, 306—309	HGB 1	149
113, 335—341†	Bk-WR	456
113, 335—341*	AllgT 4	119
113, 349—403	KirchRVölkR	163
113, 403—409	SaR 1	84
113, 410—413	ZPO 2	286
113, 413—424	Urh-VerlR	125
113, 425—427	SchR 7	318
113, 427—430	HGB 3	263
113, 427—430*	AllgT 3	31
114, 3—8	SchR 3	196
114, 9—15	HGB 3	221
114, 35—39	FamR 2	169
114, 73—77	BGBNebG 1	50
114, 77—82	HGes 1	205
114, 90—97	Wz-WettbR	216
114, 109—112	HGB 3	266
114, 112—117	BGBNebG 2	210
114, 117—119	PrVersR 1	338
114, 122—131	BeamtR	87
114, 139—144	SchR 3	393
114, 160—164	SchiffR 2	266
114, 220—230	KirchRVölkR	171
114, 243—246	SchR 6	110
114, 262—266	HGes 2	323
114, 282—283	HGB 2	163
114, 283—288†	SchiffR 2	11
114, 289—291	SchR 1	347
114, 291—295	BGBNebG 1	272
114, 298—304†	SchR 3	285
114, 308—316	EBR	213
114, 318—321	HGB 1	151
114, 321—324	PrVersR 1	29
114, 324—327	SchiffR 2	14
114, 327—336†	SchR 3	336
114, 347—351	PrVersR 1	32
114, 351—354	AllgT 3	32
114, 360—364	WzWettbR	221
114, 365—371	Bk-WR	462

RGZ	Band	Seite
114, 375—380	HGB 3	269
114, 375—380*	SchR 1	349
114, 387—392	EBR	221
114, 393—396	HGes 3	110
114, 396—399	HGes 1	206
114, 405—409	SchR 5	119
115, 1—6	FamR 1	105
115, 27—31	ErbR 2	421
115, 31—35	SchR 1	350
115, 35—47†	SaR 2	64
115, 60—66	ZPO 1	311
115, 71—74	ZPO 2	86
115, 74—86†	SchR 9	327
115, 103—111	ZPO 3	127
115, 111—115	ErbR 2	346
115, 122—128	SchR 1	353
115, 128—134	Pat-GebrmR	197
115, 135—140	SchR 1	358
115, 141—145	AllgT 3	34
115, 148—150	HGes 4	75
115, 162—165	SchR 1	363
115, 185—189*	SchR 1	366
115, 185—189	ZPO 1	218
115, 192—193	EBR	225
115, 195—198	Bk-WR	617
115, 214—218	SchiffR 2	269
115, 224—227	HGes 4	296
115, 235—240	Wz-WettbR	224
115, 246—253	HGes 1	208
115, 262—265	KO	296
115, 266—270	AllgT 3	356
115, 271—274	KO	399
115, 280—286	Pat-GebrmR	200
115, 286—289	SchR 5	122
115, 289—296	SchR 9	335
115, 303—311	SaR 3	36
115, 311—319	Bk-WR	468
115, 319—332	Wz-WettbR	227
115, 358—368	Urh-VerlR	133
115, 368—372	BGBNebG 3	142
115, 374—376	ZPO 4	324
115, 378—385	HGes 1	210
115, 401—411	Wz-WettbR	235
115, 411—413	ZPO 2	89
115, 414—415	ZPO 4	97
115, 416—419	SchR 9	342
115, 419—426	StaatsR	238
116, 2—5	Pat-GebrmR	203
116, 28—34	Wz-WettbR	241
116, 71—75	HGes 1	214
116, 83—88	HGes 4	76
116, 113—116	EBR	227
116, 116—119	HGes 3	113
116, 134—139	ZPONebG	104
116, 148—151	ErbR 2	112
116, 156—161	SchiffR 2	17
116, 198—208*	SaR 3	284
116, 198—208	HGB 3	227
116, 209—212	HGB 1	154
116, 209—212	Wz-WettbR	246
116, 224—227	PrVersR 3	220
116, 227—230	HGB 1	11
116, 247—255	HGB 2	165
116, 266—268	SchR 1	366
116, 268—274	StaatsR	93
116, 277—281	Wz-WettbR	249
116, 281—286*	AllgT 4	199
116, 281—286	HGB 1	157
116, 286—289	SchR 9	344
116, 289—292	EBR	229
116, 292—306	Urh-VerlR	142
116, 321—324	ErbR 2	114
116, 368—377	KO	541
116, 382—384	BGBNebG 2	235
117, 1—5	SchR 8	19
117, 12—16	BGBNebG 1	275
117, 16—23	Wz-WettbR	250
117, 23—27	SchR 1	316
117, 27—33	KirchRVölkR	125
117, 47—51	Pat-GebrmR	204
117, 66—68†	SchR 1	368
117, 69—77	Bk-WR	476
117, 86—88	ZPONebG	108
117, 93—96	Bk-WR	126
117, 102—107	BGBNebG 1	278
117, 112—116	SaR 2	67
117, 116—121	HGes 4	78
117, 121—127	SchR 1	371
117, 131—136	EBR	232
117, 138—143	StaatsR	23
117, 160—162	KO	326
117, 162—163	ZPONebG	246
117, 164—167	HGB 1	310
117, 168—171	ZPO 4	99
117, 172—176	SchiffR 2	22
117, 176—180	AllgT 3	360

RGZ	Band	Seite
117, 180—191†	SaR 1	90
117, 192—195	HGes 2	129
117, 215—226	Wz-WettbR	252
117, 249—252	SchiffR 2	26
117, 284—286	KirchRVölkR	334
117, 287—295	SchR 2	379
117, 312—315	PrVersR 1	212
117, 315—317	SchR 5	125
117, 327—332	PrVersR 1	214
117, 332—335	SchR 8	182
117, 335—340	SchR 5	127
117, 386—388	ZPO 6	249
117, 388—391	SchiffR 2	272
117, 391—397	PrVersR 3	223
117, 408—415	Wz-WettbR	260
117, 423—426†	SchR 9	346
118, 5—8	SchR 5	131
118, 13—17	PrVersR 3	228
118, 22—27	KirchRVölkR	175
118, 27—28	AllgT 4	200
118, 34—41	SaR 3	285
118, 46—50	Pat-GbrmR	206
118, 57—59	PrVersR 2	186
118, 67—73	HGes 1	216
118, 76—84	Wz-WettbR	264
118, 84—91	AllgT 3	37
118, 91—94	SchR 9	349
118, 94—99	StaatsR	201
118, 100—104	SchR 5	135
118, 122—126	ZPO 4	216
118, 126—132	SchR 1	375
118, 126—132*	ZPO 1	222
118, 133—138	Wz-WettbR	271
118, 141—144	AllgT 1	84
118, 145—149	ErbR 1	387
118, 149—151	ZPO 3	337
118, 171—177*	AllgT 3	43
118, 171—177	ZPO 4	325
118, 185—188†	SchR 8	292
118, 201—208	Wz-WettbR	275
118, 209—210†	KO	299
118, 217—218	PrVersR 1	36
118, 234—241	HGB 1	314
118, 244—250	ErbR 2	25
118, 250—254	SaR 3	291
118, 254—261	PrVersR 1	296
118, 261—266	ZPO 1	272
118, 269—276	HGes 1	219
118, 276—279	ZPO 5	244
118, 282—288	Urh-VerlR	151
118, 288—293	SchR 1	381
118, 295—304*	HGes 3	114
118, 295—304	SchR 6	312
118, 312—317	SchR 9	352
118, 325—330	StaatsR	27
118, 325—330	StaatsR	31
118, 330—335	HGes 1	222
118, 335—337	AllgT 4	76
118, 337—342	HGes 2	130
118, 358—361	SchR 8	22
118, 361—365	SaR 1	374
118, 365—369*	SchR 7	251
118, 365—369	ZPONebG	338
118, 382—384	ZPO 2	289
118, 388—390	FamR 2	55
119, 1—5	SchR 4	20
119, 13—16	BGBNebG 2	215
119, 16—19	SchR 3	201
119, 19—21	Pat-GebrmR	208
119, 29—33	ZPO 6	250
119, 44—48	AllgT 1	86
119, 64—70	HGes 3	115
119, 64—70*	ZPO 3	339
119, 70—76	Pat-GebrmR	209
119, 90—96†	SchR 3	397
119, 97—107	HGes 4	81
119, 119—126	HGB 2	172
119, 126—133	SaR 1	96
119, 146—152	EBR	236
119, 156—163	KirchRVölkR	335
119, 163—170	SchR 8	294
119, 184—188	AllgT 1	375
119, 198—204	Bk-WR	484
119, 204—208	SchR 9	356
119, 211—214	SaR 2	188
119, 215—220	SchiffR 2	275
119, 215—220*	SaR 1	378
119, 229—231	HGes 1	226
119, 237—240	SchR 3	288
119, 240—243	BeamtR	94
119, 243—248	HGes 4	85
119, 265—270	SchR 6	113
119, 270—272	SchiffR 2	280
119, 291—296†	BGBNebG 2	218
119, 332—338	SchR 8	300
119, 339—347	HGes 4	88

RGZ	Band	Seite
119, 356—360	ZPO 2	290
119, 360—362	SchR 6	117
119, 386—391	HGes 1	277
119, 401—407	Urh-VerlR	156
119, 408—417	Urh-VerlR	161
119, 418—422	SchR 4	213
119, 422—427	Bk-WR	489
119, 435—438	SchR 9	360
120, 18—20	PrVersR 2	265
120, 28—35	HGes 1	230
120, 39—41	PrVersR 3	232
120, 42—47	SchiffR 2	29
120, 47—53	Wz-WettbR	280
120, 54—58	HGes 2	132
120, 94—101	Wz-WettbR	284
120, 101—104	EBR	242
120, 107—110	KO	230
120, 114—117	SchR 2	386
120, 118—120	AllgT 3	43
120, 118—120*	ZPO 6	153
120, 121—126	SchiffR 2	282
120, 126—130	AllgT 3	45
120, 135—142	HGes 3	119
120, 144—151	AllgT 3	49
120, 162—164	SchR 11	48
120, 166—170†	SchR 3	399
120, 170—174†	AllgT 2	60
120, 177—181	HGes 1	231
120, 189—192	KO	233
120, 193—198	SchR 3	203
120, 220—224	VerwR	428
120, 224—230	Pat-GebrmR	211
120, 243—249	ZPO 2	91
120, 268—274	EBR	244
120, 280—283	SchR 8	306
120, 283—292	SchR 5	139
120, 313—317	EBR	250
120, 325—331	Wz-WettbR	289
120, 402—409	Wz-WettbR	292
120, 410—412	HGes 3	123
121, 5—6	ZPO 4	102
121, 24—30	ZPO 3	134
121, 24—30*	AllgT 1	90
121, 30—37	BGBNebG 3	183
121, 38—44	AllgT 3	55
121, 48—51	HGes 4	297
121, 63—65	ZPO 1	150
121, 99—106	HGes 1	233
121, 137—140	SchR 5	141
121, 154—158	ZPO 2	293
121, 158—163	PrVersR 1	340
121, 166—169	StaatsR	98
121, 173—176	SchR 11	50
121, 177—180	HGB 3	235
121, 180—185	KirchRVölkR	338
121, 118—121	SchR 4	216
121, 212—216†	BGBNebG 2	237
121, 238—246	HGes 1	236
121, 258—263	Urh-VerlR	167
121, 294—299	HGes 2	133
121, 300—302	SchiffR 2	34
121, 328—330	Pat-GebrmR	214
121, 335—337	SaR 2	71
121, 345—349†	BGBNebG 2	312
121, 349—352	ZPO 6	153
121, 352—356	BeamtR	96
121, 357—365	Urh-VerlR	170
121, 388—393	Urh-VerlR	174
121, 396—400	PrVersR 3	234
121, 400—404	SchR 9	363
122, 8—10	BeamtR	99
122, 10—19	BeamtR	100
122, 24—28	FamR 2	201
122, 38—41	SchR 7	53
122, 61—65	ZVG	84
122, 70—75	Pat-GebrmR	216
122, 80—84	BGBNebG 3	190
122, 94—99	BeamtR	101
122, 113—122	BeamtR	105
122, 131—134	SaR 3	42
122, 138—142	AllgT 3	59
122, 146—148	SchR 8	25
122, 156—159†	ZPO 2	297
122, 159—167	HGes 2	136
122, 172—175	HGes 2	138
122, 207—211	Wz-WettbR	297
122, 211—213	FamR 1	109
122, 221—229	SchiffR 2	287
122, 233—236	PrVersR 3	238
122, 243—246	Pat-GebrmR	220
122, 247—253	AllgT 3	380
122, 253—260	HGes 4	91
122, 260—266	HGes 2	139
122, 266—270	AllgT 1	378
122, 270—273	SchR 11	53
122, 274—279†	SchR 6	119

RGZ	Band	Seite
122, 292—295	PrVersR 1	219
122, 295—298	BeamtR	113
122, 306—312	StaatsR	36
122, 312—316	HGes 3	125
122, 316—320	SchiffR 2	37
122, 327—332	SaR 3	45
122, 332—335	ZPO 3	139
122, 351—360*	Bk-WR	494
122, 351—360†	SchR 1	386
122, 367—370	HGes 2	143
122, 370—373	FamR 2	296
122, 378—384	SchR 5	144
122, 387—392	HGes 3	129
123, 8—10	HGes 2	145
123, 10—14	PrVersR 3	241
123, 14—19	PrVersR 3	245
123, 23—26	SchR 6	320
123, 40—44	BGBNebG 2	62
123, 52—57	SchR 4	219
123, 97—102	HGB 2	84
123, 102—108	HGes 2	146
123, 108—112	SchiffR 2	41
123, 113—117	Pat-GebrmR	221
123, 120—130	Urh-VerlR	177
123, 141—146	PrVersR 3	249
123, 159—163	PrVersR 3	254
123, 169—171	SaR 3	50
123, 171—174	SchR 6	121
123, 181—186	VerwR	91
123, 191—194	BeamtR	115
123, 194—204†	ZPO 3	339
123, 208—212	BeamtR	117
123, 212—215	SchR 5	149
123, 216—222	SchR 7	56
123, 235—238	FamR 1	111
123, 242—246	ZPONebG	110
123, 252—256	Pat-GebrmR	223
123, 257—265	FamR 2	204
123, 265—271	SchR 6	124
123, 271—279	SchR 9	366
123, 279—289	HGes 1	241
123, 304—307	ZPO 4	219
123, 307—311	Urh-VerlR	180
123, 312—320	Urh-VerlR	184
123, 320—327	PrVersR 3	258
123, 327—333	StaatsR	229
123, 333—338	ZPO 4	330
123, 348—351	SchR 4	24
123, 364—366	ZPO 3	341
123, 378—384	AllgT 4	201
124, 8—10	KO	352
124, 17—22†	BGBNebG 2	221
124, 22—28	ZPO 2	52
124, 28—32	AllgT 3	63
124, 49—53	SchiffR 2	45
124, 59—61	KO	236
124, 62—65	BGBNebG 3	194
124, 65—68	Bk-WR	495
124, 68—72	Urh-VerlR	186
124, 85—91	BeamtR	120
124, 91—95	PrVersR 1	222
124, 95—101	EBR	253
124, 101—104	Wz-WettbR	300
124, 111—115	BGBNebG 1	54
124, 115—120	AllgT 3	66
124, 146—152	ZPO 3	141
124, 182—192	HGes 4	93
124, 192—195	BeamtR	124
124, 195—200	ZVG	121
124, 210—216	HGes 2	148
124, 235—239	PrVersR 1	345
124, 253—264	SchR 10	1
124, 264—273	HGes 2	152
124, 273—279	Wz-WettbR	303
124, 279—308	HGes 1	244
124, 322—325	BGBNebG 3	235
124, 325—330	FamR 1	427
124, 330—333	PrVersR 1	140
124, 351—355	ZPONebG	403
124, 368—371	Pat-GebrmR	224
124, 371—380	HGes 2	158
124, 380—383	HGes 1	256
124, Anh. 19—39	StaatsR	101
125, 1—3	BeamtR	127
125, 11—17*	SchR 11	56
125, 24—33	ZVG	54
125, 65—68	SchiffR 2	49
125, 76—80	HGB 3	128
125, 80—85	Urh-VerlR	189
125, 98—100	SchR 11	56
125, 100—105†	SchR 4	224
125, 108—114	AllgT 4	291
125, 114—122	HGes 2	166
125, 123—127	SchR 6	128
125, 128—131	SchR 6	132
125, 131—133	SaR 1	326

RGZ	Band	Seite
125, 133—143	SaR 3	52
125, 143—156	HGes 4	98
125, 156—159	HGes 4	100
125, 159—166	Wz-WettbR	307
125, 159—166	ZPO 3	146
125, 166—171	HGes 2	170
125, 172—174	FamR 1	35
125, 186—191	KirchRVölkR	179
125, 193—196	PrVersR 1	37
125, 196—202	HGes 4	102
125, 209—213	AllgT 3	70
125, 228—230	HGB 1	25
125, 230—235	PrVersR 3	3
125, 236—240	SchR 1	387
125, 242—252	SaR 1	103
125, 256—261	SchR 1	390
125, 261—265	SaR 2	155
125, 265—272	AllgT 1	90
125, 286—289	ZPO 5	83
125, 299—313	ZVG	125
125, 315—319	BeamtR	128
125, 347—356	FamR 2	57
125, 362—369	SaR 3	61
125, 369—372	BeamtR	131
125, 380—384*	FamR 2	298
125, 380—384	HGes 3	132
125, 391—395	Pat-GebrmR	225
125, 396—401	StaatsR	263
125, 401—407	FamR 1	431
125, 408—411†	HGB 2	177
125, 408—411*	SchR 4	131
125, 411—417	HGB 2	179
125, 411—417*	SchR 10	10
125, 417—420	HGes 3	137
125, 422—426	SchiffR 2	294
126, 1—8	Bk-WR	497
126, 18—21†	ZPO 2	299
126, 21—27	ZPO 5	247
126, 28—35	SchR 11	58
126, 35—40	SchiffR 2	53
126, 40—46	SchiffR 2	58
126, 65—70	Pat-GebrmR	227
126, 70—76	HGB 3	238
126, 76—78	ZPONebG	113
126, 103—107	FamR 1	437
126, 107—113	BGBNebG 3	90
126, 121—123	SchR 8	27
126, 123—126	SchR 1	394
126, 127—132	Pat-GebrmR	228
126, 137—144	BGBNebG 1	284
126, 161—164	StaatsR	39
126, 173—178	FamR 1	114
126, 183—186	SchR 4	131
126, 218—223	SchR 2	389
126, 223—225	Bk-WR	504
126, 234—238	ZPO 2	301
126, 243—245	SchR 1	397
126, 243—245	BeamtR	134
126, 257—261	Pat-GebrmR	233
126, 261—264	FamR 2	299
126, 261—264*	ZPO 4	104
126, 264—266	ZPO 4	334
126, 272—280	SaR 3	68
126, 280—286	Pat-GebrmR	236
126, 287—294	SchR 8	29
126, 300—302	ZPONebG	342
126, 304—308	KO	238
126, 308—317	SchR 5	152
126, 324—329	SchiffR 2	63
126, 329—333	SchiffR 2	297
126, 348—352	SaR 3	295
126, 353—354	ZPO 4	336
126, 362—366	SchR 11	63
126, 374—379	SchR 1	400
126, 383—386	SchR 1	404
127, 8—12	ZPO 5	86
127, 14—20	SchR 7	165
127, 29—35	SaR 2	73
127, 36—40	BeamtR	136
127, 63—65	ZPO 1	277
127, 65—72	HGes 2	172
127, 72—77	SchiffR 2	301
127, 77—85	HGB 1	162
127, 98—100	HGes 3	138
127, 100—102	ZPONebG	247
127, 110—116	FamR 1	440
127, 116—119	KO	85
127, 126—130†	SchR 8	86
127, 130—141	SchR 5	159
127, 153—160	HGB 1	27
127, 153—160*	FamR 2	172
127, 153—160*	SchR 11	66
127, 174—179	BGBNebG 1	57
127, 179—185	BGBNebG 1	62
127, 186—194	HGes 1	259
127, 195—197	ZPO 4	337

RGZ	Band	Seite
127, 206—218	Urh-VerlR	192
127, 218—225†	SchR 3	291
127, 226—231	Bk-WR	130
127, 243—245	Pat-GebrmR	238
127, 245—250	SchR 3	208
127, 251—265	KirchRVölkR	150
127, 269—272	PrVersR 2	188
127, 272—275	ZVG	136
127, 276—279	VerwR	384
127, 280—281	StaatsR	105
127, 289—295	EBR	258
127, 303—307	PrVersR 1	143
127, 309—313	SaR 3	76
127, 313—316	SchR 7	170
127, 321—329	Wz-WettbR	307
127, 329—335	BeamtR	139
127, 335—336	BeamtR	140
127, 337—341†	AllgT 3	73
127, 367—370	PrVersR 1	40
127, 370—372	FamR 1	118
128, 1—8	HGes 2	175
128, 18—34	StaatsR	165
128, 34—39	HGes 4	105
128, 59—65	BeamtR	141
128, 74—76	ZPO 4	339
128, 74—76*	FamR 1	38
128, 76—80	AllgT 4	206
128, 81—87	ZPO 5	90
128, 87—92	HGes 4	107
128, 92—101†	AllgT 3	74
128, 92—101†	ZPO 2	305
128, 102—116	Urh-VerlR	199
128, 116—121	PrVersR 1	43
128, 149—160	BGBNebG 1	68
128, 165—172	StaatsR	41
128, 172—183	HGes 3	141
128, 187—191	ErbR 2	425
128, 191—197	AllgT 4	209
128, 205—211	Pat-GebrmR	240
128, 211—216	AllgT 4	214
128, 216—218	ZPONebG	249
128, 218—219	BGBNebG 1	290
128, 229—234	SchR 10	10
128, 246—250	SaR 1	112
128, 251—259	AllgT 3	80
128, 264—276	Wz-WettbR	311
128, 298—308	SchR 10	15
128, 309—315	FamR 2	301

RGZ	Band	Seite
129, 1—6	PrVersR 3	335
129, 10—14	VerwR	367
129, 15—18	ZPO 6	254
129, 23—26	ZVG	88
129, 37—44*	SchR 11	66
129, 37—44	ZPO 1	222
129, 45—50	HGes 4	109
129, 55—61	BGBNebG 1	78
129, 63—67	SchR 4	26
129, 67—72	KirchRVölkR	181
129, 98—109	AllgT 1	96
129, 109—114	AllgT 3	363
129, 122—124	AllgT 3	87
129, 124—128	SaR 1	116
129, 128—133	BGBNebG 1	83
129, 143—146	SchR 1	407
129, 146—150	StaatsR	107
129, 155—165	ZVG	173
129, 165—168	ZPO 4	280
129, 168—171†	ZPO 5	95
129, 180—184	HGes 1	263
129, 199—205	SaR 2	79
129, 206—208	Bk-WR	135
129, 228—232	ZPONebG	146
129, 239—246†	ErbR 2	428
129, 246—251	StaatsR	110
129, 252—259	Urh-VerlR	210
129, 272—276	HGes 1	267
129, 280—284	SchR 5	160
129, 303—307	BGBNebG 1	88
129, 316—322	SchR 1	410
129, 336—339	Bk-WR	506
129, 339—346	ZPO 2	57
129, 347—349	AllgT 3	89
129, 385—390	AllgT 4	218
129, 390—394†	KO	438
129, 394—397	VerwR	355
130, 1—6	AllgT 3	92
130, 6—9	Pat-GebrmR	243
130, 9—11	ZPO 4	341
130, 11—23	Urh-VerlR	215
130, 34—39	SchR 4	224
130, 47—52	PrVersR 3	264
130, 52—53*	HGB 1	169
130, 52—53	SchR 6	135
130, 53—55	ZPO 4	342
130, 55—58	PrVersR 2	191

RGZ	Band	Seite
130, 69—73	AllgT 2	61
130, 76—82	EBR	264
130, 85—89	AllgT 4	221
130, 89—94	SchR 10	24
130, 97—100	StaatsR	212
130, 101—104	SchR 7	61
130, 108—114	Pat-GebrmR	244
130, 119—124	SchR 3	359
130, 124—128	AllgT 2	64
130, 131—142	ErbR 2	259
130, 143—147	SchR 6	136
130, 148—154	FamR 2	307
130, 154—157	ZPONebG	250
130, 158—160	Pat-GebrmR	248
130, 161—162	HGes 4	298
130, 162—169	BGBNebG 1	93
130, 169—178	StaatsR	205
130, 196—209	Urh-VerlR	222
130, 209—213	HGes 4	112
130, 213—214	ErbR 2	117
130, 215—217	SchR 1	415
130, 217—220	ZPO 1	278
130, 227—229	SaR 3	79
130, 229—230	ZPO 4	104
130, 233—237*	AllgT 4	224
130, 233—237	HGB 1	14
130, 242—248	Pat-GebrmR	249
130, 248—257	HGes 1	269
130, 258—262	SchR 10	28
130, 263—264	PrVersR 1	226
130, 271—275	PrVersR 2	193
130, 284—290	SchR 7	63
130, 297—301	ZPO 1	193
130, 302—309	PrVersR 3	268
130, 310—313	SaR 1	379
130, 333—337	KO	548
130, 337—340	ZPO 2	140
130, 350—357	SaR 2	192
130, 360—367	Pat-GebrmR	254
130, 367—375*	Bk-WR	137
130, 367—375	SchR 1	417
130, 375—379	AllgT 1	380
130, 379—382	SchR 5	164
130, 390—393	SaR 1	119
130, 396—400	BeamtR	146
130, 401—404	ZPO 4	105
131, 12—16	HGB 1	169
131, 12—16*	SchR 11	67
131, 24—27	AllgT 3	385
131, 27—31	HGes 1	270
131, 60—63	AllgT 1	239
131, 75—78	Wz-WettbR	316
131, 87—88	BeamtR	149
131, 109—113	ZPO 3	343
131, 125—128	VerwR	359
131, 141—146	HGes 2	181
131, 146—149	HGes 2	184
131, 151—154	ZPONebG	406
131, 185—190	ZPO 5	97
131, 190—192	BGBNebG 1	99
131, 192—197	HGes 1	273
131, 197—202	ZPONebG	149
131, 261—264	ZPO 2	96
131, 274—277	SchR 6	140
131, 278—284	SchR 8	89
131, 300—303	SchiffR 2	69
131, 312—318	BeamtR	151
131, 323—328	SaR 3	81
131, 335—337	SaR 2	86
131, 337—338	AllgT 4	119
131, 338—340	ZPONebG	408
131, 340—343	ZPONebG	115
131, 343—359†	SchR 5	167
131, 343—359*	ZPO 3	151
132, 1—5	ErbR 2	118
132, 6—9	ZPO 5	101
132, 9—16	SchR 1	424
132, 22—26	HGes 4	113
132, 26—29	SchR 1	430
132, 29—33	SchR 6	323
132, 33—42	HGes 1	275
132, 61—69	BeamtR	152
132, 69—76	StaatsR	153
132, 76—81	SchR 1	432
132, 81—88	ErbR 2	30
132, 106—113	SaR 1	122
132, 113—116	ZPONebG	154
132, 116—122	SchR 6	144
132, 122—128	BeamtR	152
132, 128—130	KirchRVölkR	340
132, 131—136	SchR 2	393
132, 138—145*	ErbR 2	269
132, 138—145	HGB 1	173
132, 149—166	HGes 1	281

RGZ	Band	Seite
132, 174—180	BGBNebG 2	241
132, 180—183	ZPO 6	156
132, 183—189	SaR 1	382
132, 208—211	PrVersR 1	147
132, 218—223*	HGB 2	183
132, 218—223	SchR 7	330
132, 225—232	VerwR	387
132, 238—249†	SchR 8	309
132, 249—257	BGBNebG 2	225
132, 257—262	AllgT 1	203
132, 262—267	BGBNebG 1	101
132, 273—277	SchR 10	32
132, 281—284	KO	242
132, 284—287	KO	244
132, 287—292†	SchR 2	398
132, 301—304	ZPONebG	253
132, 305—311*	HGB 2	184
132, 305—311*	SchR 1	436
132, 305—311	ZPO 3	151
132, 311—318	BGBNebG 3	238
132, 321—326	SaR 3	86
132, 374—386	Wz-WettbR	319
132, 386—392†	PrVersR 1	48
132, 392—398	HGes 2	185
132, 398—405	VerwR	96
132, 416—419	AllgT 1	105
132, 419—424	SaR 1	128
133, 1—6	SchR 10	35
133, 7—16	FamR 2	313
133, 20—23	FamR 2	64
133, 33—40	HGes 1	291
133, 40—45	KO	54
133, 46—50	KO	247
133, 51—63†	AllgT 3	96
133, 76—81	SchR 5	179
133, 81—84	HGes 2	187
133, 84—90	SchR 7	251
133, 90—96	HGes 1	294
133, 97—101	AllgT 3	103
133, 97—101*	HGB 1	319
133, 102—113*	BGBNebG 3	125
133, 102—113	PrVersR 3	340
133, 113—117	SchR 5	183
133, 117—124	PrVersR 1	227
133, 124—126	StaatsR	115
133, 126—128	SchR 1	437
133, 128—136	ErbR 2	270
133, 137—143†	SchR 11	67
133, 128—136*	ZPO 6	257
133, 161—167	AllgT 1	108
133, 167—170	SchiffR 2	71
133, 170—178	HGes 4	114
133, 179—184	BGBNebG 1	106
133, 189—192	Wz-WettbR	329
133, 192—200	KirchRVölkR	185
133, 201—206	ZVG	245
133, 215—221	ZPO 3	157
133, 221—226	SchR 1	438
133, 226—227	SchR 10	40
133, 234—244*	KO	59
133, 234—244	SchR 4	133
133, 249—258	BeamtR	157
133, 249—258*	SchR 11	67
133, 259—260	FamR 2	173
133, 260—263	Pat-GebrmR	260
133, 263—267	ErbR 2	196
133, 270—275	SchR 10	41
133, 275—278	SchR 8	313
133, 279—283	BGBNebG 3	97
133, 290—292	ZPONebG	118
133, 293—296	SchR 8	316
133, 313—318	BeamtR	165
133, 318—326	HGB 1	178
133, 326—330	Pat-GebrmR	261
133, 351—352	FamR 2	67
133, 361—365	VerwR	253
133, 377—381	Pat-GebrmR	264
133, 381—383	FamR 1	334
133, 388—393	SchR 10	45
134, 1—16	BeamtR	169
134, 25—33	VerwR	257
134, 33—38	AllgT 3	107
134, 38—42	Wz-WettbR	331
134, 43—56	AllgT 3	111
134, 56—66	ZVG	36
134, 73—79	SchR 3	295
134, 82—83	ZPO 4	108
134, 83—91	SchR 5	187
134, 121—126	AllgT 4	98
134, 133—139	PrVersR 1	302
134, 139—141	FamR 1	120
134, 141—143	SchR 8	319
134, 148—153	PrVersR 2	197
134, 156—162	ZPO 5	103

RGZ	Band	Seite
134, 162—174	BeamtR	177
134, 178—181	SchR 11	68
134, 181—185	SchR 7	173
134, 185—188†	AllgT 4	102
134, 195—198	AllgT 3	121
134, 221—225	SaR 3	90
134, 231—236	SaR 2	87
134, 237—243	SchR 11	71
134, 243—247	SchR 2	401
134, 251—254	VerwR	264
134, 257—262	KO	629
134, 257—262*	SaR 3	94
134, 272—274	SchR 5	193
134, 274—277	BGBNebG 3	197
134, 283—290	AllgT 4	103
134, 291—293	Bk-WR	509
134, 296—299	ErbR 2	36
134, 303—308	HGes 1	297
134, 311—324†	SchR 11	76
134, 325—329	AllgT 4	110
134, 335—341	Wz-WettbR	334
134, 342—356	Wz-WettbR	337
134, 375—377	AllgT 1	383
135, 9—12	SchR 10	50
135, 15—19	ZPO 4	344
135, 19—25	BGBNebG 2	66
135, 25—32	KO	402
135, 38—55	Wz-WettbR	345
135, 55—62	HGes 4	116
135, 70—75	HGes 2	190
135, 85—90	SaR 1	387
135, 91—94†	Bk-WR	138
135, 94—104	HGes 4	300
135, 104—109	SchR 4	304
135, 110—118†	ZPO 1	316
135, 123—132	ZPO 4	221
135, 136—139	PrVersR 2	267
135, 139—141	HGB 2	184
135, 145—149	Pat-GebrmR	265
135, 149—159	BGBNebG 1	110
135, 159—161	PrVersR 1	234
135, 161—167	SchR 11	79
135, 167—174	KO	88
135, 174—177	AllgT 4	224
135, 177—182	ZPONebG	343
135, 188—192	EBR	269
135, 197—206	ZVG	303
135, 209—219	Urh-VerlR	230
135, 219—224	FamR 2	210
135, 224—231	ZPONebG	409
135, 231—237	ErbR 2	431
135, 242—247	AllgT 1	385
135, 247—253	SchR 4	142
135, 261—271	VerwR	266
135, 272—275	SchR 4	147
135, 295—298*	KO	622
135, 295—298	PrVersR 1	348
135, 308—313	StaatsR	117
135, 319—321	Bk-WR	139
135, 338—339	AllgT 3	124
135, 339—347*	HGB 2	186
135, 339—347	SchR 5	195
135, 347—351	KO	251
135, 351—357	BeamtR	187
135, 357—365	SaR 3	95
135, 366—368	SaR 1	392
135, 368—370	PrVersR 1	351
135, 370—372	PrVersR 1	235
135, 378—385	SaR 1	133
135, 385—396	Urh-VerlR	238
135, 385—396	Wz-WettbR	350
136, 1—4	KirchRVölkR	191
136, 33—34	SchR 6	148
136, 40—45	SchR 8	35
136, 45—49	SchR 11	84
136, 49—52*	PrVersR 2	202
136, 49—52†	SchR 3	300
136, 60—62	SchR 10	52
136, 65—74	Wz-WettbR	355
136, 74—80	SaR 3	102
136, 80—82	SaR 3	107
136, 83—87†	BGBNebG 1	120
136, 91—96	ZVG	250
136, 100—106	SchR 4	150
136, 106—108	Bk-WR	142
136, 127—132	SchR 1	442
136, 137—141*	Bk-WR	511
136, 137—141	SchR 5	201
136, 142—147†	AllgT 1	113
136, 148—152†	SaR 1	140
136, 152—161	KO	254
136, 178—185	HGB 2	186
136, 178—185*	SchR 8	39
136, 185—192	HGes 2	192
136, 193—196	AllgT 4	226
136, 206—207	ZPO 4	109

RGZ	Band	Seite
136, 207—210	Bk-WR	512
136, 228—232	SchR 10	54
136, 232—236	SaR 3	206
136, 247—260	SchR 10	58
136, 260—266	HGes 2	196
136, 266—273	HGes 3	147
136, 266—273*	ZPO 1	161
136, 275—288†	SchR 4	309
136, 288—293	ZPONebG	156
136, 299—301	ZPO 3	248
136, 313—319	HGes 1	299
136, 320—321	Pat-GebrmR	268
136, 345—353†	BGBNebG 2	71
136, 353—359	ErbR 2	200
136, 353—359*	ZPO 3	346
136, 359—361	AllgT 3	125
136, 361—367†	AllgT 1	117
136, 370—373	PrVersR 1	353
136, 377—390	Urh-VerlR	246
136, 395—401	PrVersR	202
136, 402—407	SaR 1	328
136, 415—421	Pat-GebrmR	269
136, 427—433	AllgT 4	230
137, 20—23	SchR 11	87
137, 23—28	SaR 1	394
137, 29—34	SchR 2	404
137, 34—38	SchR 8	40
137, 48—50	FamR 1	122
137, 50—56	SchR 4	229
137, 64—67	Pat-GebrmR	273
137, 83—90	SchR 7	68
137, 90—95†	ZPO 4	228
137, 95—98	SaR 3	110
137, 109—112	KO	328
137, 123—133	EBR	273
137, 140—150	HGes 4	305
137, 153—156	SchR 11	90
137, 163—171	StaatsR	160
137, 171—180	ErbR 2	456
137, 222—232†	BGBNebG 3	244
137, 234—238	HGes 4	310
137, 239—243	VerwR	393
137, 243—251	HGes 4	119
137, 263—270	AllgT 1	243
137, 273—278	BeamtR	192
137, 282—293	Wz-WettbR	361
137, 294—297	SchR 2	409
137, 297—301	SchR 5	206
137, 301—305	SchiffR 2	75
137, 305—320	HGes 2	197
137, 356—358	SchR 8	321
138, 1—6	BGBNebG 1	122
138, 28—36	SchR 5	209
138, 37—39	SchR 7	74
138, 40—44	SchR 11	92
138, 45—51	SchR 8	323
138, 69—73	KO	94
138, 73—76	FamR 1	123
138, 84—89	KO	262
138, 98—105	HGes 2	200
138, 106—114	HGes 2	202
138, 118—122	SchiffR 2	79
138, 122—125*	Bk-WR	144
138, 122—125	SchR 8	329
138, 125—129	ZVG	139
138, 132—137	ErbR 2	277
138, 137—144	AllgT 3	127
138, 144—147	HGes 4	312
138, 156—165	SchR 10	70
138, 165—173	SchR 10	78
138, 174—182	Wz-WettbR	370
138, 183—187†	SchR 4	314
138, 237—243	SaR 2	1
138, 243—247	AllgT 1	121
138, 243—247	KirchRVölkR	342
138, 243—247*	SchiffR 2	83
138, 247—251	ZPO 2	98
138, 265—270	SaR 2	7
138, 270—273	SchR 8	42
138, 296—300	SaR 2	92
138, 309—315	SchR 11	96
138, 320—327†	BGBNebG 1	126
138, 327—331	SaR 2	96
138, 331—340	SchR 5	216
138, 341—346†	ZPO 6	257
138, 346—354	Pat-GebrmR	275
138, 373—376	AllgT 3	133
139, 3—6	Pat-GebrmR	277
139, 6—12	StaatsR	46
139, 17—23	ZPO 5	109
139, 29—36	SaR 1	236
139, 44—45	ZPO 4	231
139, 45—48	ZPO 3	347
139, 48—52	ZPONebG	160
139, 52—58	Pat-GebrmR	278
139, 58—69	VerwR	397

RGZ	Band	Seite
139, 69—76	VerwR	361
139, 83—87	KO	552
139, 103—110	SchR 10	85
139, 110—114	ZPONebG	163
139, 114—118	Bk-WR	144
139, 114—118*	SaR 2	12
139, 131—136	SchR 1	446
139, 149—155	SchR 11	102
139, 168—172	HGes 4	120
139, 177—193	StaatsR	121
139, 193—199	Bk-WR	515
139, 199—205	SchR 4	234
139, 205—208	SchR 5	224
139, 208—214	SchR 4	240
139, 214—221	Urh-VerlR	256
139, 221—224	ZPO 4	110
139, 238—240	ZPO 1	24
139, 252—255*	HGes 3	152
139, 252—255	SchR 8	45
139, 255—262	SchR 7	77
139, 263—270	SchiffR 2	83
139, 270—278†	AllgT 4	234
139, 289—296†	BGBNebG 1	133
139, 302—305	BGBNebG 1	137
139, 327—343	Urh-VerlR	261
139, 351—352	ZPO 5	113
139, 358—362	SchR 7	84
139, 363—392	Wz-WettbR	376
139, 393—396†	SchR 10	91
139, 396—400	BeamtR	196
140, 1—10	SchR 2	1
140, 10—18	HGes 3	152
140, 23—25	AllgT 1	389
140, 25—30	Wz-WettbR	399
140, 30—34	PrVersR 2	208
140, 35—42†	SaR 1	144
140, 43—49	KO	355
140, 43—49*	SchR 11	107
140, 60—65	SaR 2	250
140, 67—71	SchR 2	8
140, 75—77	ErbR 2	437
140, 80—83	HGB 2	72
140, 101—103	BeamtR	199
140, 103—107	Urh-VerlR	270
140, 107—114	VerwR	275
140, 126—128	SchR 11	107
140, 129—132	SchR 11	109
140, 132—137	Bk-WR	148
140, 137—144	Urh-VerlR	274
140, 156—163	KO	97
140, 167—173	ZPO 4	113
140, 174—184	HGes 4	122
140, 184—192	Pat-GebrmR	281
140, 197—205	HGes 4	127
140, 211—216	ZPO 2	306
140, 216—219	SchR 8	47
140, 219—223	HGB 2	192
140, 231—255	Urh-VerlR	277
140, 255—258	Urh-VerlR	292
140, 262—264	ZPONebG	414
140, 264—275	AllgT 3	136
140, 264—275	Urh-VerlR	295
140, 276—294	StaatsR	179
140, 294—303	ZPONebG	166
140, 314—318	HGes 2	204
140, 318—322	PrVersR 1	237
140, 340—344	ZPO 5	253
140, 345—348*	SaR 3	299
140, 345—348	Bk-WR	152
140, 348—353	ZPO 3	162
140, 366—369	Pat-GebrmR	286
140, 373—378	BeamtR	201
140, 378—385	SchR 3	212
140, 386—392†	BGBNebG 1	139
140, 392—403	SchR 10	93
140, 403—404	SchR 10	102
140, 404—415	BeamtR	205
140, 423—432	VerwR	451
141, 62—71	BeamtR	213
141, 82—89	PrVersR 1	241
141, 99—104	SchR 6	149
141, 104—110	AllgT 3	145
140, 110—128	Wz-WettbR	401
141, 129—133*	SaR 3	299
141, 129—133	HGB 2	195
140, 134—143	BeamtR	217
141, 169—173	SchR 2	12
141, 173—178	SchR 2	15
141, 178—185	HGes 4	131
141, 185—194	PrVersR 1	356
141, 194—198	ZPO 5	115
141, 204—212	HGes 2	205
141, 227—230	SaR 2	100
141, 230—235	HGes 4	133
141, 240—259	BeamtR	224
141, 259—262	SchR 3	218

RGZ	Band	Seite
141, 262—266	SchR 10	103
141, 277—283	HGes 3	156
141, 283—287	SchR 11	112
141, 287—290	SchR 3	302
141, 295—303	Pat-GebrmR	288
141, 315—319	SchiffR 2	90
141, 319—322	FamR 1	263
141, 336—342	Pat-GebrmR	293
141, 353—358	SchR 11	115
141, 358—361	FamR 2	174
141, 365—370	SchR 2	19
141, 385—391	BeamtR	239
141, 394—398	BeamtR	244
141, 400—406	BGBNebG 1	145
141, 410—420	PrVersR 2	1
141, 427—429*	KO	59
141, 427—429	Pat-GebrmR	295
142, 8—13	SchR 2	23
142, 36—42	HGes 2	208
142, 56—59	BeamtR	248
142, 59—63	FamR 2	68
142, 66—69	PrVersR 1	248
142, 70—83*	AllgT 3	149
142, 70—83†	ZPONebG	289
142, 85—96	ZVG	311
142, 96—98	PrVersR 2	269
142, 98—109	HGB 1	185
142, 116—123*	SchR 10	106
142, 116—123	ZPO 3	250
142, 123—133	HGes 1	303
142, 134—139	HGes 1	306
142, 139—143	SchR 4	155
142, 143—145	SchR 4	29
142, 145—150	Urh-VerlR	304
142, 168—171	Pat-GebrmR	297
142, 171—175	ErbR 2	123
142, 175—178	SchR 4	31
142, 206—211	HGes 3	159
142, 219—223	HGes 1	309
142, 223—231*	HGes 1	311
142, 223—231	ZPO 2	310
142, 231—239	SaR 2	198
142, 241—255	EBR	283
142, 255—258	ZPO 1	334
142, 258—264	SchR 6	153
142, 268—278	SchR 7	1
142, 268—278*	ZPO 3	166
142, 280—286	SchR 10	107
142, 286—291	HGes 2	210
142, 291—296	ZPO 2	316
142, 300—303	HGes 3	162
142, 303—306†	ZPO 4	282
142, 314—317	Bk-WR	156
142, 325—331	Pat-GebrmR	299
142, 341—347	Urh-VerlR	308
142, 348—352	SchR 10	112
142, 353—356	SchR 2	27
142, 373—379	HGes 2	211
142, 379—383†	ZPO 5	256
142, 383—389†	SchR 2	31
142, 394—397	SchR 2	33
142, 402—410*	AllgT 3	150
142, 402—410	PrVersR 1	53
142, 410—417	AllgT 3	150
142, 410—417*	PrVersR 2	212
142, 417—423	SaR 2	102
143, 1—6	AllgT 1	391
143, 14—19*	HGB 2	199
143, 14—19	SaR 2	12
143, 20—24	HGes 1	311
143, 24—33	AllgT 3	156
143, 33—46	ZVG	321
143, 48—57	SchR 10	116
143, 57—69†	EBR	296
143, 70—77	SaR 3	112
143, 77—84	BeamtR	250
143, 106—113	KirchRVölkR	194
143, 113—118	SaR 3	210
143, 118—123	ZPO 6	158
143, 130—134	ZPO 4	347
143, 143—153	KirchRVölkR	200
143, 154—159	Bk-WR	520
143, 154—159*	SchR 4	315
143, 159—167	SaR 1	149
143, 168—170	SchiffR 2	93
143, 173—175	Pat-GebrmR	303
143, 192—196	SchR 8	50
143, 212—216	AllgT 1	395
143, 216—219	KirchRVölkR	209
143, 219—223	SchR 2	36
143, 223—231	Pat-GebrmR	304
143, 241—250	SaR 3	119
143, 250—259†	ZPONebG	256
143, 263—267	KO	440
143, 278—291	SaR 3	128
143, 295—296	ZPO 1	123

RGZ	Band	Seite
143, 296—301	HGes 4	135
143, 301—305	HGes 1	313
143, 305—307	FamR 1	126
143, 347—350	ZPONebG	173
143, 350—354	ErbR 2	127
143, 355—361	KO	555
143, 362—368	WzWettbR	414
143, 368—374	HGB 1	194
143, 374—377†	SchR 2	39
143, 382—388	SchiffR 2	96
143, 394—401	HGes 1	314
143, 412—418	Urh-VerlR	313
143, 419—424	ErbR 1	391
143, 429—432	AllgT 3	163
144, 1—6	FamR 2	321
144, 6—10	ZPO 3	349
144, 12—15	ZPONebG	415
144, 22—24	SchR 2	42
144, 24—26	SchR 8	332
144, 26—31	SaR 3	140
144, 31—41	BGBNebG 2	77
144, 41—54	Wz-WettbR	418
144, 54—61	ZPO 2	320
144, 62—66	SchR 5	226
144, 71—75	ZPO 2	326
144, 75—79	Urh-VerlR	317
144, 80—86	SchR 2	44
144, 86—89	ZPO 4	179
144, 89—92	SchR 8	334
144, 93—96	SchR 8	336
144, 96—106†	ZPO 6	261
144, 106—116	Urh-VerlR	320
144, 116—119	ZPO 3	167
144, 133—138	SchR 8	136
144, 138—151	HGes 1	315
144, 152—158	SaR 3	144
144, 163—170	PrVersR 2	11
144, 176—179	SchR 6	159
144, 179—182	KO	444
144, 187—193	Pat-GebrmR	307
144, 199—206	HGB 1	32
144, 217—219	SchR 4	245
144, 233—236	Wz-WettbR	427
144, 236—242	ZPO 5	118
144, 242—246	Bk-WR	158
144, 246—253*	FamR 2	176
144, 246—253	KO	408
RGZ	Band	Seite
144, 277—281	HGes 4	138
144, 281—285	SaR 1	156
144, 281—285*	ZVG	142
144, 289—293	AllgT 3	166
144, 301—306	PrVersR 2	17
144, 311—314	Bk-WR	162
144, 318—320	ZPO 1	281
144, 339—348	BGBNebG 3	200
144, 358—363	ZPO 3	352
144, 378—384	AllgT 4	237
144, 384—389	HGes 4	140
144, 389—391	Pat-GebrmR	311
144, 391—395	ZPO 5	318
144, 395—399	PrVersR 1	251
144, 399—404	ErbR 2	282
145, 13—16†	ZPO 1	283
145, 16—21	KirchRVölkR	344
145, 21—26	PrVersR 2	22
145, 35—38	SchR 2	50
145, 38—39	ZPO 3	356
145, 40—45*	ZPO 1	197
145, 40—45†	AllgT 4	79
145, 47—51	SaR 1	160
145, 79—85	SchR 3	364
145, 85—87	AllgT 1	124
145, 87—95	Bk-WR	525
145, 99—106	HGes 2	212
145, 107—118*	SchR 10	124
145, 107—118	StaatsR	144
145, 121—131*	AllgT 4	242
145, 121—131	Bk-WR	531
145, 143—151	PrVersR 1	150
145, 155—161	HGes 3	164
145, 164—167	ZPONebG	418
145, 167—170	SchR 8	53
145, 172—175	Urh-VerlR	321
145, 177—182†	BGBNebG 1	150
145, 182—187†	ZPO 4	118
145, 188—194†	ZPONebG	120
145, 196—199	SchR 10	124
145, 217—223	ZPONebG	348
145, 229—233	SchR 8	56
145, 239—245	AllgT 4	242
145, 246—250	SchR 2	412
145, 253—257	KO	103
145, 274—284	HGB 1	199
145, 274—284*	SchR 6	326
145, 284—289	FamR 2	326

RGZ	Band	Seite
145, 289—295*	HGes 3	169
145, 289—295	SchR 6	326
145, 309—311	ZPO 3	358
145, 311—316	AllgT 1	398
145, 316—322	ErbR 2	131
145, 322—328†	PrVersR 2	212
145, 328—336	ZPO 5	123
145, 336—341	HGes 1	323
145, 357—359†	ZPO 1	322
145, 384—390	PrVersR 1	158
145, 390—396†	SchR 2	415
145, 390—396†	ZPO 3	256
145, 396—404	Wz-WettbR	429
146, 8—26	KirchRVölkR	349
146, 26—29	Pat-GebrmR	313
146, 29—35	Pat-GebrmR	315
146, 35—42	BeamtR	256
146, 52—57†	ZPO 6	265
146, 57—59	HGB 2	200
146, 67—71	SchR 8	60
146, 79—84	Pat-GebrmR	320
146, 84—97	HGes 1	325
146, 105—113	BeamtR	262
146, 113—115	ZVG	346
146, 116—119	AllgT 3	169
146, 120—133	SchR 5	230
146, 133—145	ZPONebG	175
146, 155—159	BGBNebG 3	208
146, 155—159*	SchR 11	119
146, 182—190	SaR 1	32
146, 190—194	SchR 7	334
146, 194—209	Wz-WettbR	433
146, 213—218	SchR 10	128
146, 221—224	PrVersR 1	254
146, 225—229	Pat-GebrmR	323
146, 231—234	FamR 2	177
146, 234—241	AllgT 3	172
146, 241—243	FamR 1	38
146, 244—247	ZPONebG	257
146, 247—250	Wz-WettbR	436
146, 262—273†	ZPO 6	266
146, 273—275	Pat-GebrmR	327
146, 275—281	HGes 4	314
146, 282—286	FamR 2	72
146, 287—290	PrVersR 2	271
146, 290—300	BeamtR	262
146, 300—308	ZPONebG	185
146, 308—314	ZPO 5	129
146, 314—317	AllgT 4	113
146, 317—325	SchR 2	53
146, 325—333	Wz-WettbR	437
146, 334—340	SchR 6	161
146, 340—343	BGBNebG 1	292
146, 343—348	ErbR 1	396
146, 348—355	ZPO 2	329
146, 355—360	SaR 1	163
146, 363—366	SaR 3	150
146, 369—376	BeamtR	271
146, 376—381	AllgT 1	402
146, 381—384	ZPONebG	260
146, 385—397	HGes 1	333
146, 398—404	SchR 4	158
147, 11—17	AllgT 1	406
147, 17—22†	SchR 2	60
147, 27—32†	ZPO 2	335
147, 36—42	BeamtR	277
147, 58—64	SchiffR 2	102
147, 69—77	PrVersR 3	351
147, 69—77*	KO	561
147, 103—112	PrVersR 1	60
147, 112—120	Bk-WR	165
147, 129—136†	ZPO 6	163
147, 129—136†	SchR 11	120
147, 142—144	SchR 11	124
147, 144—149	SchR 11	127
147, 149—154	Bk-WR	174
147, 161—174	HGes 4	315
147, 186—190	PrVersR 1	257
147, 201—211	HGes 4	144
147, 211—213	FamR 1	40
147, 220—228	FamR 2	229
147, 228—233†	SchR 3	337
147, 233—247	KirchRVölkR	212
147, 248—253	SchR 11	130
147, 257—275	HGes 4	149
147, 275—280	SchR 10	132
147, 298—303	SaR 3	153
147, 303—304	ZPO 3	360
147, 310—313	FamR 2	236
147, 321—331	SaR 2	17
147, 332—340	Wz-WettbR	443
147, 340—344	HGes 3	169
147, 344—353	AllgT 3	177
147, 390—395	SchR 7	176
147, 399—402	AllgT 1	126
148, 1—3	ZPO 6	273

RGZ	Band	Seite
148, 19—23	BGBNebG 2	86
148, 48—60†	SchR 2	62
148, 48—60*	HGB 2	27
148, 65—68	SchR 8	63
148, 68—72	SchR 10	136
148, 101—105	VerwR	407
148, 105—114	SchR 5	238
148, 114—127	Wz-WettbR	448
148, 127—128	ZPO 4	409
148, 129—130	AllgT 4	247
148, 137—145†	SchR 2	71
148, 137—145*	PrVersR 1	164
148, 146—148	Pat-GebrmR	328
148, 148—151	SchR 7	180
148, 151—154	ZPO 1	337
148, 154—166	SchR 10	140
148, 166—174	ZPO 5	134
148, 175—187*	BGBNebG 3	125
148, 175—187	HGes 1	338
148, 188—190	FamR 1	42
148, 190—192	HGB 3	243
148, 196—199	ZPO 1	323
148, 199—202	ZPO 4	285
148, 218—225	ErbR 2	136
148, 225—236	HGes 4	157
148, 236—243	SchR 5	344
148, 243—251	FamR 2	76
148, 251—256	SchR 11	135
148, 266—270	SchR 2	77
148, 270—277	ZPO 6	275
148, 278—282	SchR 6	332
148, 282—286	PrVersR 2	26
148, 286—297	SchR 5	245
148, 297—298	Pat-GebrmR	330
148, 298—302	PrVersR 1	67
148, 303—310†	BGBNebG 1	295
148, 310—317	ZVG	349
148, 321—325†	AllgT 2	68
148, 326—336†	KO	107
148, 336—338	ErbR 2	141
148, 338—348	VerwR	280
148, 349—354	SaR 3	299
148, 354—357	SchR 7	216
148, 357—364	HGes 4	165
148, 364—375	Wz-WettbR	453
148, 375—382	SchR 11	139
148, 385—395	ErbR 2	205
148, 395—400	FamR 1	44
148, 400—404	Pat-GebrmR	331
149, 6—8	SchR 2	80
149, 9—12	KO	267
149, 12—19	Pat-GebrmR	334
149, 19—25†	AllgT 4	115
149, 25—29	HGB 1	207
149, 29—31	ZPONebG	263
149, 45—51†	ZPO 6	282
149, 65—69	ErbR 2	211
149, 69—75	PrVersR 1	71
149, 83—88	SchR 11	145
149, 88—92	SchR 6	166
149, 93—95	AllgT 1	129
149, 96—102	SchR 4	164
149, 102—110	Pat-GebrmR	340
149, 110—114	ZPO 4	232
149, 114—121	SchR 10	150
149, 121—128	ZPONebG	353
149, 129—134	ErbR 2	39
149, 129—134*	ZPONebG	125
149, 135—139	SchR 2	82
149, 140—143	SchR 8	95
149, 143—148	FamR 1	7
149, 167—172	SchR 11	149
149, 172—180	FamR 2	330
149, 180—187	KO	446
149, 180—187	Pat-GebrmR	346
149, 187—191	SchR 3	221
149, 191—192	ZPO 1	124
149, 193—195	ZPO 1	26
149, 195—199	SchR 5	254
149, 202—205	ZPO 3	361
149, 205—213	SchR 7	257
149, 213—215	BGBNebG 1	154
149, 215—223	PrVersR 2	274
149, 224—231	Wz-WettbR	461
149, 235—240	AllgT 3	184
149, 242—251	Wz-WettbR	467
149, 251—256†	ZPO 5	260
149, 257—270	PrVersR 2	29
149, 257—270*	KO	561
149, 275—281	SchR 11	151
149, 293—304	HGes 2	216
149, 321—328*	SchR 10	156
149, 321—328	ZPO 6	164
149, 329—334	Wz-WettbR	473
149, 335—347	Wz-WettbR	477
149, 357—358	Pat-GebrmR	347

RGZ	Band	Seite
149, 365—374	PrVersR 1	164
149, 374—379	SchiffR 2	108
149, 379—384	ZPO 2	102
149, 401—404	SchR 7	183
150, 9—15	StaatsR	132
150, 15—22	BGBNebG 3	248
150, 22—28	AllgT 2	18
150, 22—28*	ZVG	91
150, 28—36	HGes 2	223
150, 42—47	ZPONebG	126
150, 48—51	PrVersR 1	77
150, 51—55	ZPO 3	363
150, 70—73	FamR 1	337
150, 70—73*	ZPO 4	351
150, 77—81†	SchR 8	67
150, 81—89*	SchR 7	264
150, 95—99	Pat-GebrmR	348
150, 99—102	KO	414
150, 102—103	ZPONebG	420
150, 103—114	VerwR	289
150, 115—118	HGes 4	167
150, 129—134	SchR 3	304
150, 134—140	BGBNebG 1	156
150, 140—144	SchR 11	154
150, 147—152	PrVersR 1	80
150, 163—174	HGes 3	171
150, 181—189	PrVersR 2	42
150, 189—192	ErbR 2	44
150, 193—204	SchR 6	170
150, 227—231	PrVersR 2	49
150, 243—246	ZPONebG	265
150, 257—261	PrVersR 1	85
150, 261—265	PrVersR 3	275
150, 265—271	Wz-WettbR	487
150, 271—280	Wz-WettbR	492
150, 280—282	Pat-GebrmR	351
150, 283—286	AllgT 1	131
150, 286—288	KO	450
150, 289—293	HGes 1	345
150, 293—298	ZPO 4	351
150, 308—315	EBR	302
150, 315—320	ErbR 2	349
150, 321—323	SchR 6	180
150, 323—330	SchR 11	158
150, 344—348	ErbR 2	47
150, 348—357	SaR 3	157
150, 364—371	BeamtR	282
150, 357—364	ZPO 4	1
150, 374—384†	AllgT 1	134
150, 392—397	ZPO 4	7
150, 397—404	SchR 5	258
151, 5—10*	BGBNebG 1	161
151, 5—10†	ZPO 3	169
151, 10—19	Wz-WettbR	498
151, 50—57	Urh-VerlR	323
151, 57—64†	BGBNebG 3	255
151, 65—70	ZPO 2	338
151, 75—77	SaR 1	168
151, 78—82	HGes 4	318
151, 78—82*	SaR 3	165
151, 82—86	ZPO 1	339
151, 86—92	HGes 2	228
151, 101—103	FamR 2	131
151, 103—109*	ZPO 2	342
151, 103—109	AllgT 1	141
151, 116—123	SchR 2	247
151, 123—128	SchR 8	339
151, 129—139	Pat-GebrmR	353
151, 139—155	HGes 2	325
151, 155—159	ZPO 6	171
151, 159—167	FamR 1	339
151, 180—184	ZPO 4	120
151, 184—187	SaR 2	27
151, 187—192	BeamtR	287
151, 193—202†	ZPO 2	342
151, 203—210	ZPO 4	235
151, 210—213	ZPO 1	197
151, 213—225	Wz-WettbR	502
151, 229—233	AllgT 1	411
151, 239—256	Wz-WettbR	510
151, 259—265	SchR 7	88
151, 265—271	ZPONebG	191
151, 271—279	SchiffR 2	112
151, 287—296	Wz-WettbR	516
151, 296—297*	SchR 10	157
151, 296—298	SchiffR 2	120
151, 298—304	BGBNebG 1	301
151, 304—313*	SchR 3	369
151, 304—313	ZPO 4	123
151, 313—317	AllgT 1	146
151, 318—319†	ZPO 4	11
151, 321—330	HGes 2	331
151, 330—336	SchR 10	157
151, 345—349	AllgT 4	249

RGZ	Band	Seite
151, 357—361	SchR 2	87
151, 361—379	SchR 8	344
151, 379—381	SchR 8	68
151, 381—384	ZPO 3	171
151, 385—388†	SchR 11	164
151, 389—395*	PrVersR 1	261
151, 389—395	SaR 3	166
151, 395—401	BGBNebG 3	101
152, 9—12	ZPO 1	133
152, 23—37	KirchRVölkR	224
152, 23—37†	ZPO 4	12
152, 71—75	SchR 2	90
152, 75—79	HGB 1	210
152, 79—86	BeamtR	291
152, 86—90	StaatsR	51
152, 91—100	AllgT 2	23
152, 100—104	SchR 6	182
152, 104—110	SaR 2	205
152, 111—113†	SchR 7	186
152, 113—115	Pat-GebrmR	357
152, 115—119	SchR 10	162
152, 119—124†	HGB 2	202
152, 125—128	KO	452
152, 129—143†	SchR 10	166
152, 159—165	SchR 7	10
152, 175—177	SchR 3	309
152, 193—199	ZPO 2	345
152, 199—201	SchR 2	94
152, 199—201*	PrVersR 2	282
152, 201—208	ZPO 6	300
152, 208—213	SchR 10	175
152, 213—221	SaR 3	171
152, 221—222	ZPO 1	325
152, 222—227	FamR 1	346
152, 228—235	FamR 2	239
152, 235—248	PrVersR 2	53
152, 248—251	ZPO 2	351
152, 251—262	AllgT 3	189
152, 268—272	PrVersR 2	216
152, 273—282	HGes 4	169
152, 283—292	BGBNebG 2	314
152, 292—301*	HGes 1	346
152, 292—301	ZPO 3	174
152, 307—316	HGB 1	214
152, 316—320	ZPO 4	182
152, 321—323	KO	269
152, 324—325	ZPO 4	13
152, 325—330	SchR 10	179
152, 330—345	PrVersR 2	282
152, 349—356	FamR 1	445
152, 360—365†	ZPO 2	63
152, 365—369	HGB 1	221
152, 375—379	ZPO 6	285
152, 380—384	ErbR 2	50
152, 397—402	SchR 10	183
153, 1—29	Urh-VerlR	329
153, 29—37	SaR 2	211
153, 38—46	BGBNebG 2	90
153, 47—52	Pat-GebrmR	359
153, 59—61	AllgT 3	198
153, 65—71	ZPO 1	342
153, 65—71*	SchR 8	163
153, 78—85	FamR 1	48
153, 101—105†	ZPO 4	14
153, 101—113*	SchR 2	96
153, 113—123	PrVersR 3	279
153, 123—128	SchR 8	69
153, 135—139†	PrVersR 1	173
153, 139—147	BGBNebG 2	267
153, 147—153	PrVersR 2	65
153, 153—162	SchR 11	167
153, 162—167	VerwR	411
153, 167—171	SaR 3	178
153, 171—173	SchiffR 2	121
153, 174—176	Pat-GebrmR	363
153, 179—184	ZPONebG	196
153, 184—192	PrVersR 3	8
153, 197—200	Bk-WR	178
153, 200—210†	KO	634
153, 210—216	ZPO 5	141
153, 216—219	BeamtR	293
153, 220—231*	PrVersR 2	220
153, 220—231	ZPO 6	174
153, 231—237	AllgT 2	31
153, 238—244	FamR 2	179
153, 252—256	ZVG	181
153, 257—263†	SchR 11	174
153, 267—271	ZPO 6	289
153, 271—274	ZPO 1	199
153, 274—280	HGes 3	176
153, 305—315	HGes 3	180
153, 315—320	Pat-GebrmR	365
153, 321—328	Pat-GebrmR	369
153, 329—333	Pat-GebrmR	374

RGZ	Band	Seite
153, 338—348	SchR 8	74
153, 348—349	ZPO 4	22
153, 350—354†	ZPONebG	130
153, 356—360	SchR 8	98
153, 361—366†	BGBNebG 2	246
153, 366—371	ZPO 5	146
153, 371—375	HGes 3	186
153, 375—383	AllgT 4	252
153, 395—400	SchR 3	369
154, 1—11	Wz-WettbR	520
154, 41—50*	ZPO 2	353
154, 41—50	AllgT 3	200
154, 58—64	AllgT 4	82
154, 65—72	HGes 1	346
154, 72—87	HGes 4	173
154, 72—87*	ZPONebG	200
154, 92—98	ZPO 4	355
154, 99—110	PrVersR 2	220
154, 99—110*	AllgT 3	207
154, 110—117	ErbR 1	400
154, 117—126	SchR 11	176
154, 133—140	ZPO 4	130
154, 140—144	Pat-GebrmR	377
154, 155—160	PrVersR 2	231
154, 193—201	BeamtR	296
154, 212—218	PrVersR 1	261
154, 225—228	Pat-GebrmR	379
154, 229—236	BeamtR	302
154, 236—242	SchR 10	188
154, 253—256	FamR 1	129
154, 266—269	SchR 11	183
154, 276—291	HGes 1	353
154, 291—299	KO	455
154, 309—319	Pat-GebrmR	382
154, 319—320	ZPO 4	136
154, 321—325	Urh-VerlR	348
154, 325—330	Pat-GebrmR	390
154, 330—333	ErbR 2	215
154, 334—339	HGB 1	225
154, 334—339*	SchR 4	34
154, 340—343	PrVersR 2	70
154, 343—355	AllgT 1	414
154, 355—370	SaR 1	171
154, 370—378†	SchR 4	247
154, 378—385	ZPONebG	133
154, 385—397	VerwR	298
154, 397—400	ZVG	142

RGZ	Band	Seite
155, 20—21	BGBNebG 1	307
155, 21—26	HGes 4	178
155, 26—33	SchR 4	170
155, 33—37	Urh-VerlR	352
155, 37—42†	SchR 2	96
155, 42—50†	ZPONebG	139
155, 50—55	PrVersR 1	175
155, 72—75	ZPO 6	185
155, 75—87	HGes 3	189
155, 92—94	SchR 10	193
155, 95—103	ZPONebG	200
155, 103—108	PrVersR 1	88
155, 129—133	Pat-GebrmR	392
155, 133—138	AllgT 3	207
155, 148—154*	HGB 3	245
155, 148—154	SchR 2	98
155, 154—160	SaR 1	243
155, 161—167	VerwR	116
155, 167—172	HGes 4	321
155, 172—180†	SchR 5	264
155, 180—186	SchiffR 2	305
155, 186—192†	SchR 11	185
155, 193—199	EBR	309
155, 199—207	Urh-VerlR	355
155, 211—218*	HGes 2	230
155, 211—218	BGBNebG 3	261
155, 218—223†	SchR 11	189
155, 224—226	ZPO 2	142
155, 227—234†	ZPO 2	353
155, 239—243	ZPO 1	297
155, 243—246	BeamtR	303
155, 292—296	FamR 1	351
155, 300—306†	SchR 6	185
155, 306—316	ZPONebG	211
155, 306—316	Pat-GebrmR	395
155, 306—316	Urh-VerlR	361
155, 306—316	Wz-WettbR	528
155, 321—327	Pat-GebrmR	395
155, 327—333	SchR 10	195
155, 344—348	FamR 2	83
155, 348—350	FamR 2	244
155, 355—362	VerwR	416
155, 362—370	SchR 11	193
155, 370—373	VerwR	114
155, 374—382	Wz-WettbR	528
155, 385—387	Pat-GebrmR	400
155, 394—400	VerwR	109

RGZ	Band	Seite
156, 1—16	Wz-WettbR	533
156, 16—23	HGB 1	230
156, 52—62	HGes 1	357
156, 63—64	SaR 2	109
156, 65—69	Pat-GebrmR	401
156, 70—82†	ErbR 2	287
156, 82—89*	ZPO 3	182
156, 82—89	BGBNebG 3	212
156, 106—113	AllgT 1	150
156, 113—121	PrVersR 2	296
156, 122—128†	SaR 1	185
156, 129—140	HGes 1	363
156, 146—150	PrVersR 2	74
156, 150—156	SchR 6	186
156, 156—158	ZPO 4	136
156, 164—172†	ZPO 1	301
156, 172—184	ErbR 2	464
156, 187—192	SaR 1	248
156, 193—208	SchR 10	200
156, 193—208*	ZPO 2	355
156, 208—213	SchR 2	104
156, 213—217	HGes 4	179
156, 217—220	Pat-GebrmR	404
156, 240—245†	ZPO 4	23
156, 257—263	SchR 11	199
156, 263—265	ZPO 1	28
156, 271—279	ZVG	185
156, 305—314	StaatsR	137
156, 321—328	Pat-GebrmR	406
156, 328—334	AllgT 3	211
156, 334—340*	ZPO 3	279
156, 334—340	AllgT 3	215
156, 340—347	BeamtR	305
156, 347—355	BGBNebG 2	99
156, 355—363	Wz-WettbR	542
156, 363—366	HGB 1	236
156, 372—378	SchR 10	213
156, 378—384	PrVersR 2	77
156, 392—395	BGBNebG 1	161
156, 395—399	ZPO 5	264
156, 395—400*	SchR 8	360
156, 404—408	BeamtR	311
157, 1—5	Pat-GebrmR	411
157, 6—11	PrVersR 2	235
157, 11—14	SchR 10	218
157, 14—22	SchR 10	221
157, 23—24	ZPO 4	26
157, 24—33	SaR 1	191
157, 33—39	ZPO 1	161
157, 40—51†	SchR 2	108
157, 52—60	HGes 2	230
157, 67—77	PrVersR 1	94
157, 78—82	PrVersR 1	103
157, 83—89	PrVersR 2	240
157, 89—96†	ZVG	44
157, 89—96*	BGBNebG 3	107
157, 99—106	HGes 4	323
157, 106—120†	ZPONebG	268
157, 145—153	BeamtR	311
157, 154—159	Pat-GebrmR	413
157, 159—161	ZPO 5	150
157, 173—175	SchR 6	191
157, 175—179	SchR 5	270
157, 187—192	BeamtR	318
157, 193—197	BGBNebG 1	165
157, 197—206	ZPONebG	269
157, 207—213	SchR 2	116
157, 213—228	HGes 1	374
157, 228—242†	SchR 10	228
157, 243—244	SchR 7	219
157, 244—245	AllgT 2	36
157, 246—256	KirchRVölkR	236
157, 257—266	AllgT 1	155
157, 266—271	SchR 8	102
157, 294—297	KO	640
157, 297—305	SaR 3	182
157, 305—310	SaR 1	253
157, 310—313	PrVersR 2	303
157, 314—320	PrVersR 1	267
157, 321—327†	ZPO 5	268
157, 341—348	ZPONebG	277
157, 359—363	ZPONebG	300
157, 363—368	SchR 6	192
157, 379—384*	AllgT 4	259
157, 379—384	ZPO 2	145
157, 389—404	KirchRVölkR	357
158, 1—6	Pat-GebrmR	418
158, 6—16	PrVersR 2	83
158, 27—33	BeamtR	321
158, 34—40†	ZPO 3	182
158, 40—49	SaR 2	110
158, 53—56	ZPO 4	27
158, 57—64	ErbR 2	54
158, 79—83	KO	622

RGZ	Band	Seite
158, 95—100	BeamtR	325
158, 100—113	ZPONebG	359
158, 113—119	PrVersR 1	108
158, 130—137	SchR 7	93
158, 141—144	SchR 5	350
158, 166—176	AllgT 3	220
158, 176—179	SchR 11	202
158, 185—189	AllgT 1	424
158, 189—192	PrVersR 2	92
158, 195—198	ZPO 4	30
158, 199—204	FamR 1	132
158, 199—204*	ZPO 4	361
158, 219—222	Pat-GebrmR	422
158, 226—235	HGes 3	193
158, 235—242	BeamtR	328
158, 248—256	HGes 1	384
158, 268—277†	FamR 1	53
158, 277—284	SchR 11	205
158, 284—291	PrVersR 1	113
158, 291—294	Pat-GebrmR	425
158, 294—302	FamR 1	354
158, 302—315	HGes 3	199
158, 315—318	SchR 8	360
158, 318—320	ZPO 4	138
158, 321—334	Urh-VerlR	362
158, 346—350†	ZPO 4	140
158, 350—351	ZPO 1	29
158, 352—357	SchR 10	237
158, 357—362	AllgT 4	259
158, 362—377*	ZPO 4	141
158, 362—377	AllgT 2	38
158, 377—380	SaR 2	118
158, 380—384*	ZPO 2	356
158, 380—384	FamR 1	361
158, 385—388	Pat-GebrmR	427
158, 388—394	SchR 10	241
159, 1—11	Pat-GebrmR	430
159, 11—12	Pat-GebrmR	438
159, 16—21	PrVersR 2	95
159, 21—25	SchR 1	247
159, 25—27	ZPO 2	65
159, 27—33	SchR 6	197
159, 58—64	ZPO 2	356
159, 58—64*	FamR 2	214
159, 65—68	SchR 7	16
159, 68—76	SaR 2	121
159, 86—92	HGes 4	182
159, 99—108	BGBNebG 2	274
159, 115—121	FamR 1	136
159, 121—128	AllgT 1	211
159, 141—147	BGBNebG 2	106
159, 147—151	PrVersR 2	100
159, 157—167	FamR 1	266
159, 173—180	ZPO 4	287
159, 180—183	FamR 1	142
159, 183—186	FamR 1	56
159, 186—192†	ZPO 2	361
159, 193—210	SaR 2	219
159, 211—234	HGes 1	385
159, 243—247	PrVersR 1	273
159, 247—254	BeamtR	334
159, 254—256†	AllgT 3	228
159, 257—264	SchR 2	121
159, 264—268	SchR 8	107
159, 268—272	SchR 7	188
159, 283—292	SchR 7	99
159, 293—296†	ZPO 4	33
159, 296—300	ErbR 2	143
159, 300—305	BGBNebG 3	268
159, 305—311	FamR 1	144
159, 312—315	BGBNebG 1	168
159, 337—352	PrVersR 2	103
159, 357—363	ZPO 4	141
159, 363—369	FamR 2	87
159, 374—379	AllgT 3	368
160, 1—2	SchR 2	128
160, 3—7	PrVersR 1	120
160, 7—15†	SchR 4	253
160, 31—37	FamR 1	147
160, 37—41	ZPO 5	271
160, 48—52	PrVersR 2	117
160, 52—60	AllgT 3	230
160, 83—88	ZPONebG	421
160, 88—92†	SchR 6	202
160, 92—95	FamR 2	95
160, 104—109	FamR 1	153
160, 119—122	SchR 2	129
160, 122—128	SchR 7	265
160, 129—134†	BGBNebG 1	172
160, 134—139	ZPONebG	206
160, 134—139†	SchR 8	140
160, 144—148	FamR 1	157
160, 153—157	SchR 2	132
160, 157—162	ZPO 4	147
160, 166—189†	SaR 1	257
160, 189—190	FamR 1	161

RGZ	Band	Seite
160, 191—192†	ZPO 4	361
160, 220—225	PrVersR 2	121
160, 246—250	FamR 1	162
160, 250—252	FamR 1	365
160, 253—255	BeamtR	338
160, 255—256	SchR 10	250
160, 257—270	HGes 2	236
160, 273—280	FamR 1	166
160, 280—285	FamR 1	171
160, 300—307	FamR 1	59
160, 307—310	ZPO 4	34
160, 310—316	SchR 2	135
160, 317—320	PrVersR 2	125
160, 321—326	ZPO 6	33
160, 332—338	BeamtR	340
160, 338—349*	ZPO 2	362
160, 338—349	Bk-WR	541
160, 349—360	SchR 10	251
160, 361—369	SchR 6	205
160, 369—372	ZPO 4	369
160, 373—378	FamR 1	176
160, 378—380	ZPO 2	106
160, 385—392	Wz-WettbR	549
160, 392—396	FamR 1	178
161, 23—29	PrVersR 1	277
161, 29—52	Wz-WettbR	553
161, 52—61	SchR 8	363
161, 61—64	ZPO 3	183
161, 68—76	SchR 7	270
161, 76—86	BGBNebG 2	111
161, 86—90	PrVersR 1	286
161, 94—100	PrVersR 2	128
161, 100—106	SchR 3	225
161, 106—109	FamR 1	182
161, 109—121	ZPO 5	274
161, 109—121*	SaR 2	30
161, 129—145	HGes 2	240
161, 153—163	AllgT 3	236
161, 163—167	BeamtR	343
161, 184—192	PrVersR 2	307
161, 193—196	SchR 5	274
161, 199—203	SchR 11	211
161, 203—209*	AllgT 1	427
161, 203—209	HGes 4	329
161, 209—216	SchiffR 2	124
161, 216—220	FamR 1	184
161, 229—234	AllgT 3	244
161, 253—256	AllgT 3	248
161, 267—276†	SchR 2	141
161, 280—285†	ZPONebG	303
161, 280—285*	SchR 7	277
161, 288—296	SchR 11	214
161, 296—301	AllgT 3	251
161, 308—320	BeamtR	344
161, 321—325*	SchR 6	212
161, 321—325	Urh-VerlR	373
161, 330—341	SchR 5	276
161, 350—359	ZPO 4	151
161, 375—377	SchR 11	220
161, 378—383	ErbR 2	354
161, 385—387	Pat-GebrmR	439
161, 387—396	Pat-GebrmR	440
162, 1—5†	BGBNebG 1	177
162, 24—32*	ZVG	255
162, 24—32	SchR 11	222
162, 32—35	FamR 1	367
162, 52—63*	ZVG	355
162, 52—63	SaR 2	254
162, 65—69*	SchR 10	253
162, 65—69	ZPO 4	37
162, 73—78	AllgT 3	255
162, 78—84	SchR 6	336
162, 84—87	ZPO 2	109
162, 93—100	BeamtR	354
162, 116—120	FamR 2	185
162, 121—124	HGB 1	238
162, 177—181	AllgT 3	372
162, 198—202	ZPO 1	348
162, 202—208	AllgT 1	427
162, 218—222	ZPONebG	141
162, 230—238	StaatsR	282
162, 238—243	PrVersR 2	133
162, 244—256*	SchR 2	418
162, 244—256	HGB 2	204
162, 257—264	BeamtR	360
162, 264—269	HGes 3	205
162, 273—279	SchR 11	229
162, 279—282	ZPO 3	187
162, 282—291	Wz-WettbR	566
162, 282—291*	ZPO 1	351
162, 292—298	KO	272
162, 298—302	FamR 1	274
162, 302—308*	AllgT 3	259
162, 303—308	Bk-WR	551
162, 316—320	ZPO 3	258
162, 329—336	AllgT 1	164

RGZ	Band	Seite
162, 337—346	Wz-WettbR	574
162, 347—349	Wz-WettbR	580
162, 349—360	SaR 1	278
162, 364—370	SchR 11	234
162, 370—377	HGes 3	209
162, 385—388	BeamtR	366
162, 388—397	SchR 6	341
162, 397—402	ErbR 2	61
163, 1—9	Pat-GebrmR	445
163, 9—21	AllgT 4	263
163, 21—35	SchR 10	254
163, 35—39	HGes 3	214
163, 40—46	BGBNebG 1	309
163, 57—62†	ErbR 2	291
163, 62—64	SaR 2	128
163, 68—73	FamR 2	98
163, 77—81†	FamR 1	188
163, 87—89	SchR 11	238
163, 91—100	FamR 1	278
163, 100—104	ZPO 4	371
163, 104—112	BeamtR	369
163, 112—121	Pat-GebrmR	449
163, 121—126	SchR 11	240
163, 121—126*	ZPO 5	307
163, 139—142	FamR 1	66
163, 142—156	SchR 5	286
163, 156—164	FamR 2	103
163, 164—176	Wz-WettbR	582
163, 181—189	BeamtR	375
163, 193—200	BeamtR	381
163, 200—210	HGes 4	185
163, 233—244	Wz-WettbR	594
163, 244—246	FamR 1	189
163, 246—252	FamR 1	191
163, 252—255	ZPO 1	286
163, 280—287	FamR 1	284
163, 287—292	SchR 10	266
163, 292—297	SchR 10	270
163, 305—310	FamR 1	370
163, 315—320	FamR 1	68
163, 338—344	FamR 1	197
163, 344—348	FamR 1	202
163, 348—361	SaR 2	131
163, 367—377	AllgT 1	170
163, 377—380	SchR 7	277
163, 385—395	HGes 3	218
164, 10—15	Bk-WR	557
164, 49—52	PrVersR 2	315
164, 65—72	FamR 2	133
164, 72—79	BeamtR	383
164, 79—86	SchR 2	146
164, 92—98	FamR 1	205
164, 106—111	FamR 1	71
164, 111—115	FamR 1	75
164, 115—124	HGes 3	227
164, 125—126	BGBNebG 1	180
164, 127—128	FamR 1	290
164, 129—147	HGes 2	248
164, 140—146†	ZPO 6	292
164, 162—177*	HGes 2	253
164, 177—185	HGes 2	253
164, 196—203	SaR 2	235
164, 208—211	ErbR 2	218
164, 212—220	KO	581
164, 240—243	FamR 1	451
164, 244—248	FamR 1	79
164, 257—264	HGes 2	256
164, 264—270†	SchR 2	152
164, 270—273	FamR 1	210
164, 281—287	ZPO 2	362
164, 292—303	Bk-WR	181
164, 307—309	ZPO 1	125
164, 309—316	BeamtR	389
164, 341—348*	ZPO 4	158
164, 341—348	BGBNebG 1	181
164, 352—355	FamR 1	213
164, 366—372†	SchR 2	157
164, 385—390	BGBNebG 3	107
165, 1—22	AllgT 3	260
165, 26—32†	SchR 10	275
165, 35—41	SchR 6	212
165, 41—54	SchR 7	191
165, 54—62	PrVersR 2	138
165, 62—68	FamR 1	216
165, 65—68	ZPO 1	288
165, 68—85	HGes 2	260
165, 91—107	BGBNebG 2	121
165, 109—116	FamR 1	218
165, 121—125	FamR 1	83
165, 129—136	HGes 2	270
165, 146—148	SchR 8	184
165, 155—160	SchR 10	279
165, 161—165†	SchR 2	418
165, 166—186	SchiffR 2	129

RGZ	Band	Seite
165, 193—207	HGes 3	235
165, 209—219	Pat-GebrmR	456
165, 219—223	SchR 2	162
165, 236—242	BGBNebG 2	135
165, 236—242*	ZPO 2	367
165, 242—248	KirchRVölkR	244
165, 248—254	ZPO 4	375
165, 257—260	SchR 11	244
165, 260—271	HGes 3	244
165, 271—288	HGB 1	241
165, 307—309	ZPO 4	380
165, 309—315	SchR 2	165
165, 317—320	FamR 1	224
165, 336—342	SchR 7	108
165, 343—352	KirchRVölkR	249
165, 352—354	FamR 1	227
165, 365—374	SchR 11	247
165, 374—383†	ZPO 5	151
165, 398—404	AllgT 1	179
166, 1—14	SchR 11	254
166, 14—40	Wz-WettbR	602
166, 40—51	AllgT 3	276
166, 51—61	HGes 2	274
166, 61—64	SchR 10	284
166, 74—81	BGBNebG 1	188
166, 98—105	Bk-WR	620
166, 105—112	VerwR	102
166, 113—123	ZVG	255
166, 113—123*	SchR 2	170
166, 129—134	HGes 2	279
166, 134—150	HGes 2	336
166, 150—157	SchR 10	287
166, 160—166	SchR 6	349
166, 166—167*	FamR 1	229
166, 166—167	ZPO 4	362
166, 175—188	HGes 4	189
166, 175—188*	ZPO 2	367
166, 193—207	Wz-WettbR	616
166, 218—240	StaatsR	246
166, 240—246	HGB 1	256
166, 246—249†	ZPO 3	189
166, 249—256	ZVG	264
166, 296—303	BeamtR	395
166, 306—315	Bk-WR	562
166, 315—320	Wz-WettbR	623
166, 326—333	Pat-GebrmR	465
166, 334—341	HGB 1	261
166, 353—360	BeamtR	399
166, 378—384	FamR 1	293
167, 14—40†	SaR 1	288
167, 40—55	HGes 1	395
167, 60—64	SchR 2	170
167, 76—85	SchR 2	174
167, 85—92	SchR 7	279
167, 92—99	BGBNebG 2	250
167, 151—171	HGes 1	400
167, 171—183	Wz-WettbR	627
167, 193—199†	AllgT 1	184
167, 199—203	SchR 5	353
167, 213—218	ZPO 4	159
167, 243—249	PrVersR 2	145
167, 254—256	ZPO 4	160
167, 257—260	SchR 4	34
167, 260—265	HGB 1	267
167, 265—269	FamR 1	229
167, 269—274	FamR 2	110
167, 281—288	StaatsR	225
167, 298—301	SaR 3	304
167, 301—305	FamR 1	232
167, 305—308	SchiffR 2	311
167, 328—339	ZPO 6	37
167, 339—357	Pat-GebrmR	468
167, 385—391	BGBNebG 2	141
168, 1—17†	SchiffR 2	148
168, 39—44	ErbR 2	439
168, 44—47	SchR 6	217
168, 47—49	ZPO 2	368
168, 56—61†	AllgT 4	272
168, 61—64	FamR 1	86
168, 81—86	BeamtR	405
168, 86—91	SchR 2	182
168, 121—128	SchR 2	186
168, 143—174	KirchRVölkR	258
168, 177—187†	ErbR 2	292
168, 177—187*	PrVersR 2	246
168, 187—192	ZPO 4	382
168, 204—206	AllgT 3	285
168, 206—214†	SchR 7	114
168, 225—231	ZPO 4	241
168, 240—248†	SchR 2	192
168, 261—269†	SchR 3	230
168, 269—277	FamR 1	295
168, 284—288	HGes 3	251
168, 288—291	HGes 4	335

RGZ	Band	Seite
168, 292—304	HGes 2	283
168, 321—331	SchR 2	195
168, 321—331*	ZPO 2	370
168, 331—336	SchR 10	292
168, 339—342	ZPO 4	386
168, 355—361	ZPO 4	40
168, 361—371†	SchR 11	266
168, 372—384	PrVersR 2	151
168, 385—388	ZPO 4	389
168, 398—404	BeamtR	409
169, 1—24	PrVersR 3	289
169, 24—36	PrVersR 3	311
169, 38—44	ErbR 2	221
169, 44—48	Wz-WettbR	637
169, 52—54	ZPO 6	294
169, 54—57	ZPO 5	284
169, 59—64	FamR 1	236
169, 65—84†	SchR 3	1
169, 65—84*	HGes 2	294
169, 84—97	SchR 6	220
169, 100—105	ZPO 4	246
169, 109—117	Urh-VerlR	376
169, 122—125	StaatsR	215
169, 133—140	HGB 1	272
169, 145—147	ZPO 4	250
169, 147—153*	BGBNebG 3	125
169, 147—153	HGB 1	278
169, 153—158	HGes 3	254
169, 172—180	AllgT 2	50
169, 180—185	SaR 2	242
169, 185—191	SchR 3	15
169, 203—213	SchiffR 2	314
169, 213—216	SchR 2	203
169, 232—239	HGes 2	295
169, 240—249	Wz-WettbR	640
169, 249—254	SchR 2	206
169, 257—266	SchiffR 2	155
169, 267—271	SchR 1	210
169, 278—281	FamR 1	240
169, 282—284	FamR 2	114
169, 289—295	Pat-GebrmR	483
169, 300—304	HGes 1	410
169, 312—317†	SchR 11	268
169, 317—320	BGBNebG 3	113
169, 321—323	SaR 3	307
169, 324—328*	SchR 2	214
169, 324—328	StaatsR	230
169, 328—330	FamR 2	214
169, 341—345	StaatsR	219
169, 353—359	VerwR	432
169, 368—376	PrVersR 3	321
169, 376—382	SchR 10	296
169, 382—384	BGBNebG 1	315
169, 394—395	SchR 10	301
170, 18—22	ZPO 4	45
170, 22—28	AllgT 1	433
170, 37—40	SchR 11	272
170, 45—48	SchR 10	302
170, 51—54	Pat-GebrmR	489
170, 70—72	BGBNebG 2	147
170, 72—82	FamR 1	11
170, 83—99	HGes 4	200
170, 116—128	HGes 4	336
170, 129—137	SchR 11	275
170, 137—155	Wz-WettbR	648
170, 174—177	SchR 10	305
170, 182—186	BGBNebG 1	195
170, 191—192	ZPO 2	370
170, 226—233	Pat-GebrmR	491
170, 233—245	SchiffR 2	323
170, 246—252†	SchR 1	214
170, 265—276*	AllgT 1	291
170, 265—276	Wz-WettbR	662
170, 276—281	KO	416
170, 281—285	AllgT 4	88
170, 281—285*	ZPO 3	192
170, 285—292*	AllgT 3	287
170, 285—292	PrVersR 1	125
170, 302—310	Wz-WettbR	670
170, 311—317	SchR 11	282
170, 321—324	SchR 10	308
170, 328—333†	ZPO 2	372
170, 341—346†	ZPO 4	410
170, 346—358	Pat-GebrmR	497
170, 358—380	HGes 2	296
170, 380—384	AllgT 3	288
170, 392—397	HGes 3	259
170, 397—402	PrVersR 2	163
171, 1—4†	SchR 10	311
171, 22—26	BGBNebG 2	283
171, 27—30	ErbR 2	359
171, 30—39*	AllgT 1	291
171, 30—39	Wz-WettbR	677
171, 39—43†	ZPO 4	252

RGZ	Band	Seite
171, 43—51	PrVersR 2	167
171, 51—58	HGes 3	261
171, 58—64*	SchR 10	314
171, 67—75	AllgT 1	291
171, 67—75	Wz-WettbR	684
171, 79—83	FamR 1	89
171, 83—91	FamR 1	454
171, 97—99	SchiffR 2	335
171, 104—107	BGBNebG 1	317
171, 120—123	PrVersR 1	283
171, 129—137	SchR 6	354
171, 129—137*	ZPO 3	192
171, 137—139	BGBNebG 1	320
171, 147—159	Wz-WettbR	685
171, 159—165	Wz-WettbR	694
171, 168—173	SchR 2	219
171, 173—181*	ZPO 3	192
171, 173—181	BGBNebG 2	150
171, 185—192	ErbR 2	65
171, 193—198	BeamtR	414
171, 198—202	SchR 11	286
171, 205—209	HGes 4	208
171, 215—227	BeamtR	420
171, 227—242	Pat-GebrmR	505
171, 242—256	SchiffR 2	165
171, 274—277	ZPO 4	162
171, 282—286	SchR 2	224
171, 289—291	ErbR 2	362
171, 292—296	SchR 2	228
171, 297—304	SchR 7	202
171, 321—328	HGB 1	284
171, 321—328	Wz-WettbR	699
171, 328—333	HGes 3	267
171, 345—354	HGes 3	271
171, 354—358	BGBNebG 1	322
171, 358—368	ErbR 1	406
171, 386—375	PrVersR 2	174
171, 380—384	SchR 10	314

RGZ	Band	Seite
171, 385—393	BeamtR	428
171, 393—400	BGBNebG 2	157
172, 1—11	BGBNebG 2	288
172, 11—19	SchR 11	288
172, 20—29	SchR 2	232
172, 29—36	Urh-VerlR	382
172, 36—43	HGB 1	290
172, 49—63	Wz-WettbR	699
172, 63—68	BGBNebG 2	256
172, 68—74	ZPONebG	283
172, 74—76	ZPO 1	352
172, 76—82	HGes 2	313
172, 76—82*	ZPO 4	165
172, 83—85	ErbR 2	147
172, 85—92	BGBNebG 2	163
172, 92—97†	SchiffR 2	337
172, 101—109	BGBNebG 2	169
172, 118—126†	ZPO 3	193
172, 129—134*	AllgT 1	297
172, 129—134	Wz-WettbR	710
172, 147—150	SaR 2	247
172, 151—152	ZPO 4	364
172, 156—164	BGBNebG 1	326
172, 169—176	BeamtR	435
172, 177—181	VerwR	437
172, 187—191	HGB 2	88
172, 195—198†	SchR 2	239
172, 199—207*	HGes 3	277
172, 199—207	ErbR 2	296
172, 225—232	HGB 1	296
172, 232—236	FamR 2	216
172, 242—243	FamR 1	242
172, 244—252	SchR 10	318
172, 252—256	FamR 1	302
172, 256—262†	SchR 6	361
172, 262—268	Wz-WettbR	715
172, 268—271	PrVersR 2	318

FSC
www.fsc.org
MIX
Papier | Fördert gute Waldnutzung
FSC® C083411

Kolibri 360 GmbH
Ferdinand-Jühlke-Straße 7
99095 Erfurt, Deutschland
produktsicherheit@kolibri360.de